El Tarot de las Brujas

7ª edición: marzo 2025

Título original: WITCHES TAROT
Traducido del inglés por Antonio Gómez Molero
Diseño de portada: Ellen Lawson

©   de la edición original
     2012, Ellen Dugan

©   de las ilustraciones
     2012, Mark Evans

©   de la imagen de cubierta
     iStockphoto.com/Susan Trigg

©   de la presente edición
     EDITORIAL SIRIO, S.A.
     C/ Rosa de los Vientos, 64
     Pol. Ind. El Viso
     29006-Málaga
     España

www.editorialsirio.com
sirio@editorialsirio.com

Impreso en Imagraf Impresores, S. A.
c/ Nabucco, 14 D - Pol. Alameda
29006 - Málaga

Impreso en España

Puedes seguirnos en Facebook, X, YouTube e Instagram.

Ellen Dugan

El Tarot de las Brujas

Editorial SIRIO

*La primera vez que me llamé bruja a mí misma
fue el momento más mágico de mi vida.*

MARGOT ADLER

Introducción

Mi experiencia con el tarot

> *El camino de la vida serpentea y gira y no hay dos direcciones iguales. Sin embargo, las lecciones nos las da el viaje, no el destino.*
>
> **Don Williams Jr.**

Llevo más de veinte años leyendo el tarot. La manera en que empecé a interesarme por esta práctica no fue la habitual —algunos incluso dirían que es impropia—. Es decir, ninguna vieja gitana me entregó, a la luz de la luna llena, una baraja manoseada y descolorida de tarot. Ni tampoco puedo asegurar que me fascinara la tradición y la mística de las cartas, o que me sedujeran sus imágenes y sus misterios. No. La fascinación y la seducción surgieron mucho más tarde.

Empecé a usar las cartas de tarot porque era una manera de conseguir que mis clientes se relajaran mientras les adivinaba el porvenir. Cuando empecé a trabajar en el circuito profesional de la clarividencia tenía veintitantos años y tres hijos. No usaba ningún tipo de material; solo encendía mi grabadora, me centraba en el cliente (a quien solemos llamar consultante), y luego le pedía que me diera la mano y se dejara llevar.

Por supuesto, a la mayoría de ellos no les hacía ninguna gracia tener allí a su lado a una chica de veinticuatro años, un tanto arrogante, que los tomaba de la mano y hurgaba en sus cabezas... Aquello les sorprendía y, para ser francos, les daba miedo. Lo último que yo quería era asustar a nadie. Con esa idea, me dediqué a observar lo que hacían otros clarividentes y comprendí que sus accesorios (las hermosas cartas de tarot, las velas y las poco frecuentes, pero muy manidas, relucientes bolas de cristal) hacían que los clientes se relajaran. Y eso sin mencionar a las adivinas que llevaban turbantes (y estoy hablando en serio).

Además, estábamos a principios de los años noventa: en aquellos días en las ferias psíquicas de St. Louis a cualquiera que no usara cartas se le miraba con recelo. Por eso, porque era práctico, salí a buscar una baraja de tarot bonita y me aprendí de memoria las cartas. Como si fueran tarjetas de vocabulario, al principio memoricé tres palabras básicas para cada carta, y con eso pude empezar a trabajar. Mi marido se sentaba y sacaba una carta al azar mientras yo daba de comer a nuestros pequeños; así es como practicaba. Y me fui aprendiendo la baraja del tarot mientras los niños gateaban enloquecidos por la casa, entre lavar la ropa, platos, pañales y otras obligaciones familiares. Cuando tuve una idea básica de las setenta y ocho cartas, empecé a estudiarlo en serio. Por lo general, lo hacía cuando mis hijos dormían la siesta o por las noches, una vez que ya se habían acostado.

Descubrí unos cuantos libros esenciales sobre el tarot que elevaron mi comprensión de las cartas y de sus significados tradicionales. Practiqué las lecturas con amigos y luego con los amigos de mis amigos. Y un día sucedió algo maravilloso: comprendí que cada carta tiene una historia que contar. Siempre me ha encantado un buen relato, incluso antes de llegar a publicar un libro, y por eso comencé a asociar las cartas con ciertas historias y con gente que conocía. Empecé a notar que algunas cartas, al caer en una posición determinada de la lectura, significaban siempre lo mismo, fuera quien fuese el consultante. Esto me inspiró, y empecé a usarlas como un trampolín y a permitirles que dejaran paso a una lectura más refinada y detallada.

Quedé totalmente encantada con el simbolismo y la magia de las cartas. Como bruja, me resultaba fascinante descubrir que los palos del tarot no solo estaban basados en los cuatro elementos sino que también compartían los mismos significados y cualidades esenciales. Cuanta más atención les ponía a las cartas, más simbolismo mágico descubría. Empleé diferentes variedades de barajas de tarot para experimentar con ellas, y mi cariño y mi historia de amor con el tarot se volvieron más fuertes que nunca.

Durante los últimos veinte años he trabajado con una baraja favorita y con otras un tanto extravagantes, pero nunca he tenido una baraja de tarot que me pareciera realmente mágica. Tuve unas cuantas basadas en el tema de las brujas; sin embargo, nunca me sentí del todo a gusto con ellas. A decir verdad, me daban un poco de vergüenza, o sencillamente eran muy absurdas. Además, muy pronto descubrí que la gente reaccionaba mal ante esas barajas viejas y un tanto cursis cuando intentaba usarlas en lecturas públicas, y al verlo me entraban ganas de reírme.

Me preguntaba si alguna vez aparecería una baraja elegante, con fuerza, con imágenes bellas y clásicas con las que las brujas pudieran identificarse. Cuando se me presentó la oportunidad de diseñar y escribir los textos para una baraja de tarot completamente nueva basada en el tema de las brujas, pensé en ello durante un día... y en seguida empecé a trabajar. La baraja del Tarot de las Brujas pasó unas cuantas décadas en la esfera del deseo y unos dos años y medio en la de la creación. No obstante, creo que descubrirás que la espera ha valido la pena.

Simbolismo: el lenguaje del tarot

El simbolismo no es una mera fantasía indolente...
forma parte de la textura misma de la vida humana
ALFRED NORTH WHITEHEAD

Esta baraja se basa en el clásico tarot Rider-Waite-Smith. Si estás familiarizado con la imaginería tradicional del tarot, captarás muy pronto las definiciones básicas. Sin embargo, te animo encarecidamente a emplear un tiempo en leer las descripciones de cada carta para entender los significados mágicos más profundos que encierran. Usa este libro para interpretar lo que te dice cada una de ellas hasta que te familiarices con sus significados mágicos específicos.

Cada imagen individual representada en la escena de una determinada carta de tarot tiene una razón de ser. El simbolismo es el lenguaje del tarot, y en el Tarot de las Brujas se usan muchos tipos distintos de simbolismo. Siempre he creído que cada carta cuenta un relato original y maravilloso. Te animo a observarlas con atención y a descubrir qué relato te están contando. A medida que estudies las imágenes de cada carta, ve leyendo el libro para descubrir lo que representa cada flor, paisaje, color de ropa, joya, árbol, fruta, animal o criatura elemental.

Además, verás que hay palabras clave que definen el significado de cada carta al derecho e invertida. Estas palabras te ayudarán a aprender con más facilidad los significados básicos de las cartas. Por añadidura, en los casos en que sea necesario, se indican las correspondencias con deidades y asociaciones astrológicas y elementales. Asimismo, se incluye un capítulo sobre la magia que presenta nuevos hechizos de tarot. También te resultarán útiles los dos apéndices que aparecen al final del libro: ¡tenlos en cuenta!

Hay un apéndice sobre el significado de los números y el de las cartas de la corte de los arcanos menores, y otro sobre los símbolos comunes empleados en las cartas, en orden alfabético. Lo cubre todo, desde un castillo en una colina hasta los tronos en los que se sientan los personajes, pasando por la heráldica de sus indumentarias. Ahora tienes estos símbolos y sus significados al alcance de tus dedos brujos. Todos estos magníficos recursos te ayudarán, tarotista o bruja, a absorber y aprender los significados más profundos y el simbolismo encantado del Tarot de las Brujas.

Fíjate también en el diseño del reverso de las cartas, con sus fantásticas estrellas en la galaxia y la cautivadora triple luna (que, por supuesto, es el símbolo de nuestra Triple Diosa). ¿Qué mejor símbolo podría haber para el reverso de las cartas de una baraja de brujas?

Ábrete a la magia de estas cartas, prepárate para mejorar tu destreza y disfruta el viaje.

Hacer una lectura del Tarot de las Brujas para ti mismo

Leer es para la mente lo que el ejercicio es para el cuerpo.

Richard Steele

Te estarás preguntando: «¿Cómo empiezo?». La verdad es que resulta realmente muy sencillo. Te aconsejo que para familiarizarte con esta baraja estudies todas las imágenes que aparecen en ella y leas sobre su simbolismo y su significado. Cuando lo hayas hecho, estarás listo para comenzar. A mí, personalmente, me gusta centrarme y encontrar un lugar tranquilo para relajarme. A veces, para ayudarme a entrar en el estado meditativo apropiado, enciendo unas velas o algo de incienso. Me aseguro de que la casa esté tranquila y de que nadie me va a interrumpir. Es el tiempo que me dedico a mí.

Hacer una lectura del tarot para ti mismo es una forma de meditación. A mí siempre me relaja, y constantemente aprendo cosas nuevas. Te animo a que lo pruebes. Tus lecturas personales serán en general mucho más claras y agradables si te das a ti mismo tiempo para meditar.

Ahora que estás atento, centrado y tranquilo, elige una pregunta. Este es un buen consejo: cuanto más sencilla sea la pregunta, más clara será la respuesta. Baraja las cartas teniendo en mente la pregunta. Elige una tirada de cartas, repártelas, y luego lánzate y léelas.

Aquí hay un hechizo que te ayudará a concentrarte. Te hará más fácil entrar en un estado mágico mental para hacer tus lecturas personales con el Tarot de las Brujas.

Hechizo para lecturas meditativas personales

(Creado por una bruja para que pueda usarse como herramienta)

Aquí hay sabiduría de la carta de El Mundo a la de El Loco.
Con setenta y ocho lecciones y mensajes que recibir.
Ilumíname; tal como lo deseo, que así sea.

Tómate el tiempo que sea necesario para leer e interpretar las cartas. Te deseo que al hacerlo disfrutes y te ilumines. Bendito seas.

Hacer una lectura para otro

Cada jugador debe aceptar las cartas que la vida le ofrece; pero una vez en sus manos, solo él debe decidir cómo jugarlas para ganar el juego.

VOLTAIRE

Ahora bien, cuando se trata de leerle las cartas a otro, hay algunas reglas que debes tener en cuenta. Como soy una bruja veterana en las lecturas de tarot para el público en general, aquí van unos cuantos consejos realistas y de sentido común para cuando le leas a alguien las cartas del Tarot de las Brujas.

PREGÚNTALE AL CONSULTANTE O CLIENTE SI ALGUNA VEZ LE HAN LEÍDO LAS CARTAS. Si no, tendrás la oportunidad de explicarle lo que realmente simbolizan algunas de las imágenes más impactantes del tarot. Así evitarás que sienta miedo o se altere. Por ejemplo, el Diez de Espadas simboliza ser traicionado o apuñalado por la espalda; La Muerte muestra un cambio (y suele aparecer en las lecturas que se les hacen a las embarazadas y a quienes, por ejemplo, están a punto de casarse o entrar en la universidad; al fin y al cabo, sus vidas van a cambiar para siempre y de forma radical), y La Sombra significa enfrentarte a tus miedos. De manera que tranquiliza al cliente antes de que empiece su primera lectura. De esa manera ambos disfrutaréis la experiencia.

AL PRINCIPIO DE LA LECTURA PÍDELE AL CONSULTANTE QUE TE DIGA CUÁL ES SU PREGUNTA. Dile que la mantenga en mente mientras baraja las cartas. (Sí, alguien más puede tocar tus cartas.) Es mejor que el consultante baraje y corte antes de la lectura; de esa manera su energía y sus acciones influirán en las cartas y en cómo caen. Algunos insisten en que nunca deberías dejar a otro manejar tus cartas, pero yo prefiero dejar que el cliente las baraje o las corte. Una solución fácil para este dilema es tener una baraja dedicada estrictamente a las lecturas públicas y otra solo para tu propio uso personal.

NO TIENES QUE LEER LAS CARTAS INVERTIDAS, A MENOS QUE QUIERAS HACERLO. Yo casi nunca lo hago. La vida ya tiene bastantes dificultades. Además, en ocasiones la gente se preocupa cuando ve cartas invertidas. Leerlas o no leerlas es tu elección: tú decides.

NUNCA VATICINES LA MUERTE. ¿Por qué? Muy sencillo: lo más probable es que estés equivocado. Peor aún, ¿qué ocurriría si estás equivocado y alguien decide tomarse tu predicción en serio? En todos los años que llevo haciendo lecturas puedo contar con los dedos de una mano el número de veces en que las cartas predijeron una muerte física inminente, e incluso en esos casos siempre se trató de alguien preguntando sobre un familiar que se encontraba en sus últimos días, luchando contra algún tipo de enfermedad.

Conoce tu baraja. Si durante una lectura pública tienes que detenerte a mirar las respuestas en el libro, causarás la impresión de ser un mero aficionado y se enfriará el ambiente. Por eso, si estás haciendo lecturas para el público, apréndete la baraja de memoria. Asegúrate de tomarte el tiempo necesario para aprender los significados y practicar antes de leer para el público general. Por el contrario, si estás haciendo una lectura para un buen amigo y no le importa que interpretes las cartas leyendo directamente del libro, siéntate, relájate y pásalo bien.

Guardar las cartas. Finalmente, cuando hayas terminado la lectura, no tienes que envolver ni guardar las cartas en seda. El motivo por el que empezó esta tradición es que la seda desvía las vibraciones indeseables, pero no es estrictamente necesario seguirla. Si la idea te atrae, ponla en práctica. Yo suelo poner mis cartas de tarot en una bolsa de tela con un cordón corredizo. Es práctico (las mantiene limpias y unidas, y hace que sea más difícil perder una carta), y tengo bolsas de diferente tela y color para cada baraja, así puedo distinguirlas en seguida.

Recuerda que está permitido reírse y divertirse durante una lectura de tarot. También es correcto ser más serio y reflexivo. Una vez más tienes que hacer honor a tu estilo personal y a tus decisiones. Todos somos únicos, y esa diferencia le da personalidad y hondura a nuestras lecturas de tarot.

Creo que con esto hemos cubierto lo más básico. Disfruta mientras te aprendes la baraja y lees este libro. Podrás probar algunas tiradas nuevas de cartas y también hechizos y magia. Empecemos pues, sin más tardanza, nuestro viaje y exploremos el encanto y el misterio del Tarot de las Brujas.

Los Arcanos Mayores

El loco tiene la prerrogativa de decir verdades
que nadie más se atreve a exponer.

NEIL GAIMAN

La secuencia de las veintidós cartas de los Arcanos Mayores nos cuenta las peripecias de El Loco. En la primera carta que aparece, con el número 0, lo vemos al principio de su viaje, joven, despreocupado, feliz y abierto a las experiencias de su viaje espiritual. Para cuando llega a la carta final de los Arcanos Mayores, la número XXI, El Mundo, es más viejo, más sabio y ha aceptado los misterios de su senda.

Una observación fascinante es que la palabra «arcano» en realidad significa «misterio». Las escenas de las cartas de los Arcanos Mayores nos muestran imágenes y arquetipos evocativos, figuras simbólicas como la madre, el padre, el Sumo Sacerdote y la Gran Sacerdotisa o el héroe, que aparecen en varias mitologías, religiones y tradiciones misteriosas y mágicas de todo el mundo. Estas imágenes arquetípicas son verdaderamente universales.

En cualquier punto de nuestras vidas podemos encarnar una carta de los Arcanos Mayores, y quizá nos sintamos como si estuviéramos viviendo esa misma escena. Estas veintidós cartas en concreto nos emocionan y tocan nuestras fibras sensibles. La imaginería y los arquetipos de los Arcanos Mayores nos unen a todos, porque resuenan en un nivel espiritual más profundo. Nos hablan usando el lenguaje universal de la emoción, un lenguaje que todos hablamos.

Cuando estas cartas aparecen en una tirada, le añaden peso e importancia a la lectura. Ilustran asuntos espirituales importantes y revelan nuestra relación con el arquetipo particular de la carta. Cuando en una lectura salen dos o más de estas cartas, es señal de que el destino está jugando un papel en tu senda espiritual y en tu vida cotidiana. Reconfórtate sabiéndolo, porque esto te enseña que aunque las cosas parecen escapar a tu control, hay un propósito divino y mágico que está presente en tu vida.

Los Arcanos Mayores te ofrecen un mapa de carreteras de los misterios de la magia y de tu espiritualidad. Lo único que tienes que hacer es estar dispuesto a abrir los ojos, aceptar la sabiduría ofrecida y empezar tu viaje. ¡Feliz travesía!

0 ✦ EL LOCO

0 ✦ EL LOCO

El Loco se halla al principio de su viaje espiritual y mágico. Es lo bastante joven, abierto y atrevido para aceptar el riesgo y dar un salto de fe. Pasea por el borde mismo del precipicio, bajo el cual se extiende un gran valle verde, con las montañas a sus espaldas, sin darse cuenta del riesgo o sin preocuparse por él. Prendido a su cayado, lleva un saco de cuero lleno de experiencias pasadas, protegidas por su fe, simbolizada por el pentagrama que mantiene cerrado el saco. Su indumentaria brillante y colorida refleja su alegría y buen talante. La pluma roja de su gorro encarna su entusiasmo por la vida y el amor que le inspira el viaje. El Loco alza el rostro hacia el brillante cielo azul y disfruta de la sensación de libertad, emoción y aventura de su viaje.

La rosa blanca que lleva simboliza su inocencia y su confianza, así como ese nuevo comienzo. El perro que aparece a su lado, haciendo alegres cabriolas, es su fiel compañero. El terrier blanco West Highland (o «westies», como se los suele llamar) tiene fama de ser un perro amigable, lleno de energía e inteligente, un compañero perfecto para el viajero inexperto.

Significado

La primera carta de los Arcanos Mayores es un excelente ejemplo de alguien que está persiguiendo sus sueños. Aparece con frecuencia en una lectura cuando el consultante está intentando algo nuevo y completamente distinto. Puede encontrarse justo al principio de su camino espiritual, explorando una nueva tradición o senda mágica o quizá empezando en un nuevo trabajo o planteándose una oportunidad innovadora de negocios. El Loco nos alienta a atrevernos, a ser más abiertos y a disfrutar el viaje. No te dejes abatir por las preocupaciones. El Loco te dice sonriendo que tengas confianza y te arriesgues, que no te agobies por el futuro; al contrario, disfruta el viaje y vive día a día.

Esta carta trata del famoso salto de fe. Sí, es verdad, es posible que cometas un error o que te caigas, ¡pero siempre puedes levantarte, sacudirte el polvo y volver a intentarlo! A veces esa es precisamente la mejor manera de aprender: atreverse a hacerlo. En última instancia, El Loco te exhorta a abrirte a nuevas posibilidades e ideas. Arriésgate; atrévete a romper moldes. ¡Ten confianza en ti, sé valiente! Hay un mundo inmenso y mágico fuera... ¡Sal a explorarlo!

PALABRAS CLAVE: sigue tus sueños. Aventura, empezar de cero, exploración, un viaje. Ideas nuevas; arriesgarse y luchar por aquello en lo que crees. El principio de una búsqueda espiritual; explorar una nueva senda o tradición mágica. Un salto de fe.

DEIDADES CON LAS QUE SE ASOCIA: ninguna, porque El Loco representa la humanidad.

ASOCIACIÓN ASTROLÓGICA: Urano.

INVERTIDA: comportamiento irresponsable, atolondrado e imprudente. Una situación precaria. Hay que ser precavido y planificar el futuro.

I ✦ El Mago

I ✦ El Mago

Vemos a El Mago detrás de un altar, al amanecer, con el pentagrama en el cuello y símbolos mágicos bordados en la túnica. Con la vara que lleva en la mano dibuja en el aire, sobre él, una lemniscata, el símbolo del infinito, que nos recuerda: «Como es por dentro, es por fuera». Con la otra mano apunta hacia abajo, a la tierra, para indicar otro dicho mágico clásico: «Como es arriba, es abajo». Sobre el altar se muestran los accesorios clásicos del brujo, que son también los símbolos de los cuatro palos de los arcanos menores: la copa, que representa el elemento agua; la espada, símbolo del aire; la vara de espino, asociada con el fuego, y la estrella dorada de cinco puntas, el pentáculo, con el elemento tierra.

El Mago domina los cuatro elementos de la naturaleza. Al combinar su poder personal con ellos, hace magia simplemente por la fuerza de su voluntad. Se encuentra bajo un entramado de rosas rojas, que representa la armonía. Las cuatro lilas que hay en primer plano simbolizan la pureza de su relación con la deidad y su creatividad. Las cuatro hadas que revolotean alrededor del altar encarnan cada uno de los cuatro elementos naturales: el hada verde, la tierra; la roja, el fuego; la azul, el agua, y la amarilla, el aire. Nos muestran que El Mago está íntimamente conectado a los espíritus elementales y a los asombrosos poderes del mundo natural, y que trabaja codo a codo con ellos.

Significado

Cuando aparece esta carta en una lectura, te indica que conectes con tu propia magia para descubrir las respuestas que estás buscando, que trabajes en equilibrio con los elementos y los poderes de la naturaleza para crear tu magia y atraer a tu vida un cambio positivo. La magia te rodea, y en el mundo natural se encuentra en todas partes... El Mago te reta a buscarla. Conecta con esta energía elemental y aprovecha sus poderes. Ten confianza y mira dentro y fuera de ti.

Esta carta de los Arcanos Mayores es una lección sobre el principio hermético de la correspondencia, que nos enseña: «Como arriba, es abajo; como es por dentro, es por fuera». Existimos en todos los planos: el astral/espiritual, el energético y el físico. El Mago te anima a elegir las herramientas más armoniosas y los accesorios más naturales para tu magia. Emplea juiciosamente las leyes de la correspondencia y los demás recursos que tengas a tu disposición.

Palabras clave: como arriba, es abajo. Destreza, determinación, conexión, confianza. Fuerza de voluntad. Hacer magia con los cuatro elementos y los espíritus elementales. El principio hermético de la correspondencia. Magia elemental y poder personal.

Deidades con las que se asocia: Hermes, Thot, Mercurio, Hermes Trismegisto.

Asociación astrológica: Mercurio.

Invertida: falta de confianza, problemas de comunicación con los demás, magia manipulativa.

II ✦ La Gran Sacerdotisa

II ✦ La Gran Sacerdotisa

La Gran Sacerdotisa que tienes delante de ti es poderosa, mística, sabia y autoritaria. También es seria, bondadosa, justa y compasiva. Es la Diosa en su aspecto de Doncella, y su sabiduría es omnisciente. La Gran Sacerdotisa está sentada en su trono, en actitud reflexiva; lleva una túnica etérea plateada y una capa real azul con capucha, y a su lado, sentado tranquilamente, vemos a un felino. El cielo azul y la naturaleza son su telón de fondo, y la luna y las estrellas del cosmos brillan a sus pies. A su alrededor crecen en abundancia las granadas. La Gran Sacerdotisa se sienta en el centro justo de las dos columnas lunares. Permanece serena y mantiene bajo control sus poderes ocultos. No se inclina hacia la energía creciente de la luna ni tampoco hacia la menguante, no siente inclinación por la luz ni por la oscuridad. Es una figura centrada y neutral.

Lleva una corona de Triple Diosa y un collar con piedras de ámbar y azabache que denotan su rango. El ámbar incrementa los poderes mentales y el azabache aumenta las capacidades psíquicas, ambas cualidades importantes para la Gran Sacerdotisa. En sus manos sostiene un rollo de pergamino, que indica el conocimiento, y salvia en flor, que representa la sabiduría. Las granadas son sagradas para la diosa Perséfone, y significan realeza y elegancia. El joven gato negro, un clásico entre las brujas, representa los misterios femeninos de la brujería.

Significado

Cuando esta carta aparece en una lectura, con frecuencia marca un tiempo de iniciación y aprendizaje. La Diosa Doncella te propone un desafío. Sé juicioso y escucha sus sabios consejos. Esta carta es un recordatorio para que tranquilamente y en silencio busques el conocimiento oculto y mires en tu interior. Usa tu intuición y cree en tus instintos. Ahora no es el momento de dejar que te dominen tus emociones; al contrario, se trata de una oportunidad de crecimiento y una ocasión para desarrollar una visión y comprensión profundas. La Gran Sacerdotisa te enseña a ser fuerte, inteligente y firme. Te indica sosegadamente que para obtener la auténtica sabiduría debes acordarte siempre de usar tu magia con cuidado y desde un estado de neutralidad.

PALABRAS CLAVE: la Diosa como Doncella. Neutralidad, iniciación, sabiduría. Conocimiento interno, intuición. Energía lunar y magia, magia de la luna creciente, los misterios femeninos de la brujería.

DEIDADES CON LAS QUE SE ASOCIA: Artemisa/Diana, Perséfone, la Diosa Doncella.

ASOCIACIÓN ASTROLÓGICA: Luna.

INVERTIDA: estar desequilibrado. Sentimientos reprimidos, rechazo a aprender y crecer, potencial que no se ha reconocido.

III ✦ La Emperatriz

III ✦ La Emperatriz

La Emperatriz está sentada en un mullido trono dorado rodeado de naturaleza y embellecido con figuras de rosas de cinco pétalos y trigo. La flor de cinco pétalos crea un pentagrama natural, y las flores y las espigas de trigo la conectan a las antiguas diosas Deméter e Isis. En esta carta La

Emperatriz está embarazada, lo que simboliza la fertilidad. Es la gran Diosa Madre, y las doce estrellas que forman un halo alrededor de su cabeza representan los signos del Zodiaco. En la mano sostiene un cetro, que denota su poder sobre todo el mundo natural. La bella Emperatriz viste una rica túnica de color verde, que refuerza su conexión con los poderes de la vida, el crecimiento y la naturaleza. Las nueve perlas alrededor de su garganta simbolizan los nueve planetas tradicionales, y las perlas son un símbolo de la esencial creatividad orgánica.

Apoyado sobre una de las patas delanteras del trono, hay un escudo de cobre en forma de corazón con un símbolo estilizado de Venus, planeta con el que se asocian tanto este metal como la carta de La Emperatriz. El escudo nos recuerda que debemos proteger y apreciar el amor en nuestras vidas. El exuberante bosque, la hierba verde y el río que baja la cuesta en cascada son más descripciones del simbolismo sagrado femenino. El cielo del fondo, con las pesadas nubes grises, presagia lluvia y la vida que brotará de la tierra. Las flores silvestres y el trigo que crecen en primer plano de la escena se corresponden con la abundancia de la cosecha, y representan la prosperidad y los recursos. Por último, el conejo que se sienta satisfecho a los pies de La Emperatriz es otro guiño a la energía y a los asombrosos poderes de la fertilidad, la creación y la naturaleza.

Significado

Esta es la carta de la maternidad, la fertilidad y el poder de la naturaleza. Cuando aparece en una lectura, es un mensaje de la Diosa Madre, que nos exhorta a respetar la fuerza y el poder de la naturaleza y la capacidad del cuerpo para reproducirse. Si aparece en una lectura con el As de Bastos o el As de Copas, muestra un embarazo o que es un momento en el que se puede concebir. Esta carta también indica una oportunidad de brindarle al mundo ideas nuevas y creativas. Protege y valora tus relaciones amorosas. Céntrate en tu familia y en tu hogar, y disfruta la energía y el entusiasmo que los hijos han traído a tu vida. «Da a luz» nuevas ideas. Ábrete a la creatividad y a tu propia sexualidad, y trabaja gozosa y respetuosamente con los poderes de la naturaleza.

Palabras clave: el aspecto maternal de la Diosa. Dar a luz nuevas ideas. Poder femenino, amor, sexualidad, maternidad. Fertilidad, nacimiento, creatividad. Corazón y hogar, proteger el amor de tu vida, mágica luna llena. El poder de la naturaleza.

Deidades con las que se asocia: Afrodita/Venus, Deméter, Gaia, Isis, Inanna, la Diosa Madre, Selena.

Asociación astrológica: Venus.

Invertida: problemas domésticos, infertilidad, problemas en las relaciones familiares o amorosas.

IV ✦ El Emperador

IV ✦ El Emperador

El sabio Emperador vigila a sus hijos mientras estos juegan alegremente al fondo de la escena. Para indicar su poder, sostiene un cetro coronado por una cruz egipcia en la mano derecha. En la izquierda sostiene una esfera. Viste una capa púrpura que representa su soberanía. Las montañas que hay tras él simbolizan su fuerza y determinación. El Emperador está observando la escena y planteándose sus opciones y planes para el futuro. Es un gobernante sabio y bondadoso, y una figura paterna afectuosa. Esta carta está asociada astrológicamente con Aries, que viene representado por las cabezas de carneros grabadas en los brazos del trono y por el símbolo de Aries en la armadura de El Emperador.

Esta es la característica masculina de la deidad, el aspecto de Dios y el de Padre Divino. Los tulipanes púrpura que se ven en primer plano simbolizan realeza, mientras que la acedera en flor que crece a sus pies representa el afecto paternal. Curiosamente, el Emperador no tiene armas; en su lugar usa el poder de su sabiduría y experiencia para gobernar y mantener la paz.

Significado

Esta carta puede simbolizar a un cabeza de familia o al dirigente de un grupo de practicantes de magia: una persona responsable y equilibrada. También puede representar a tu jefe (aunque sea mujer), no solo a tu marido o a tu padre. Deberías analizar con calma tu situación, lo mismo que está haciendo El Emperador, y plantearte cuidadosamente las opciones que tienes. La carta de El Emperador aparecerá frecuentemente en una lectura cuando vas a lograr un ascenso en el trabajo, cuando vas a emprender un nuevo trabajo con mejores perspectivas, o también cuando vas a subir de categoría en la asamblea de brujas. Si en tu situación actual eres el dirigente de un grupo y tu papel es el de pacificador y mediador, es posible que esta carta represente el papel que desempeñas. También puede simbolizar tu liderazgo en una dinámica familiar o en tu lugar de trabajo.

PALABRAS CLAVE: cabeza de familia o dirigente de un grupo o asamblea de brujas. Soberanía, razón. Energía masculina, protección. Una persona responsable y equilibrada.

DEIDADES CON LAS QUE SE ASOCIA: Osiris, Zeus, Júpiter, el Padre Divino.

ASOCIACIÓN ASTROLÓGICA: Aries.

INVERTIDA: falta de disciplina, rechazo a la autoridad, inferioridad, problemas con los padres.

V ✦ El Sumo Sacerdote

V ✦ El Sumo Sacerdote

El Sumo Sacerdote está sentado en un banco de piedra del templo. Es un viejo caballero elegante, uno de los Sabios. Lleva una rica túnica real de color carmesí suelta, y luce orgullosamente sobre el pecho su pentagrama de plata, un símbolo de poder mágico y protección personal. La posición de la mano derecha (dos dedos arriba y dos dedos abajo) y el bastón de madera que sostiene en la mano izquierda son símbolos clásicos del tarot. Representan el equilibrio entre los mundos de lo físico y lo espiritual. Los tres travesaños del bastón se corresponden con el mundo superior, el mundo medio y el submundo.

Al fondo vemos montañas y un entorno natural frondoso. En primer plano cae una larga sombra. Dos grandes llaves maestras flotan en el aire delante de El Sumo Sacerdote, y simbolizan lo divino femenino y lo divino masculino, representados respectivamente por la luna de la llave plateada y el sol de la llave dorada. Uno de los muchos nombres que se le dan a esta carta es El Hierofante. El Sumo Sacerdote es una autoridad, un consejero y el guardián de las tradiciones y el conocimiento mágicos.

Significado

Cuando esta carta aparece en una lectura, significa que hay que responder preguntas y pedir consejo. Tradicionalmente, se la relaciona con la necesidad de asesoramiento legal. Asimismo puede indicar el comienzo de una carrera, la continuación de la educación o la necesidad de solucionar las controversias en una asamblea de brujas. Pero recuerda que El Sumo Sacerdote es un consejero sabio y paciente, un anciano y un maestro. No te da todas las respuestas a tus preguntas; más bien te ayuda a averiguar dónde debes mirar para descubrir tu propia verdad. Te da las llaves para abrir los misterios y ganar un conocimiento más profundo, y confía en que encontrarás por ti mismo las respuestas, usando las lecciones que con tanto mimo te ha enseñado.

Palabras clave: posibles asuntos legales con los que hay que lidiar. Asesoría, solucionar las controversias en una asamblea de brujas, mantener la tradición, preservar la sabiduría mágica. Entender los misterios de la brujería, continuar con la educación, descubrir tu verdad personal.

Deidades con las que se asocia: Horus, Júpiter, Mitras, el Sabio.

Asociación astrológica: Tauro.

Invertida: recibir un consejo inadecuado o poco fiable, tomar una decisión precipitada o mala, esperar que los otros tomen las decisiones por ti.

VI ✦ LOS AMANTES

VI ✦ LOS AMANTES

Un par de jóvenes amantes comparten un momento íntimo en un bello jardín primaveral con árboles florecidos, flores y un arroyo. Detrás de la pareja y por encima de ella hay un ángel surgido de las nubes, observándola. El sol ilumina al ángel alado, y este va acercándose y bendiciendo la unión de los jóvenes con una lluvia de luz resplandeciente. El ángel, que representa la armonía y los mensajes, nos recuerda dulcemente que el amor ilumina y sana.

La pareja está a punto de besarse. El idilio salta a la vista, y una vez que se besen se iniciará su compromiso emocional y sus destinos quedarán entrelazados para siempre. Muy pronto van a descubrir si eligieron bien.

La carta de Los Amantes habla de las decisiones que tomamos y del amor. Es una maravillosa representación del equilibrio de los contrarios y del poder de la atracción. Habitualmente el hombre simboliza la razón y la mujer, las emociones. Ella viste una túnica de un color rosado, el color del amor y de las emociones tiernas y alegres. Tiene seis rosas en su pelo rojizo, en referencia al número de esta carta, que simboliza un equilibrio de los contrarios. Las rosas, en particular, representan el amor romántico. A los pies de la pareja hay narcisos y jacintos en flor, que enriquecen el significado de la carta añadiéndole la fascinación de la caballerosidad y del idilio en ciernes.

Significado

Los Amantes es una carta de relaciones y decisiones. Representa el poder del amor, el deseo, el destino, el romance y la atracción. Celebra las dificultades superadas para que los amantes puedan estar juntos. El ángel de esta carta de los Arcanos Mayores podría parecernos un casamentero, pero también podría ser una fuerza protectora de la pareja. Es, en todo caso, un símbolo del destino. Está ahí para mostrarnos que nuestras elecciones pueden afectar a nuestro futuro. El ángel nos advierte que elijamos con sensatez.

PALABRAS CLAVE: amor sexual, belleza, una relación romántica. Elección, compromiso. Decisiones que hay que tomar. La decisión que tomes ahora afectará a tu futuro. El amor sana.

DEIDADES CON LAS QUE SE ASOCIA: Eros y Psique, Isis y Osiris.

ASOCIACIÓN ASTROLÓGICA: Géminis.

INVERTIDA: problemas con las relaciones. Tomar malas decisiones. Ignorar problemas. Riñas y rencillas.

VII ✦ El Carro

VII ✦ El Carro

Un auriga protegido con una armadura va de pie en su carro de oro y plata haciendo correr a los caballos por los cielos y a través de las nubes. En el fondo vemos una luna creciente, un firmamento estrellado y, bajo el carro, el cielo más claro del alba. En el casco del auriga hay una estrella de ocho puntas. Se trata de la estrella Venus, un símbolo de sanación. Le cruza la armadura una banda dorada que luce los signos del Zodiaco. Alza una vara de mago con la mano izquierda, y con la derecha parece dirigir los dos caballos que tiran del carro solo con su voluntad, ya que los equinos no llevan riendas. Esto demuestra que tiene el control de su poder personal y de la fuerza mágica que presenciamos en esta escena.

El Carro cuenta la historia del héroe, que luchó fieramente y ganó. Esta es la única carta de la baraja en la que hay dos caballos, y su simbolismo es importante, ya que imitan las columnas de la carta de La Gran Sacerdotisa. A la derecha del auriga hay un caballo negro, que representa la noche, la magia lunar, el caos, el subconsciente y las energías femeninas. El de su izquierda, blanco, simboliza el día, la magia solar, el orden, la mente consciente y las energías masculinas. En lugar de dejarse dominar por esas fuerzas, el auriga las dirige y hace uso de sus poderes para crear el resultado que desea, conforme lo vemos controlar el par de caballos y mantenerlos avanzando juntos.

Significado

Esta carta habla de una victoria que ha supuesto un enorme esfuerzo. La carta de El Carro trata sobre la confianza en uno mismo, el control, la motivación y la determinación de triunfar. Descubre tu propio poder y verás cumplirse tus objetivos. Desaparecerán los obstáculos y las trabas. Haz magia para el movimiento y el cambio. Cuando El Carro irrumpe con su estruendo en una lectura, te dice que combines tu magia con la disciplina mental y la tenacidad. El poder surge de dentro. Cree en ti mismo —combina la determinación, la concentración y la fuerza de voluntad— y triunfarás. En los Arcanos Mayores solo El Carro, La Gran Sacerdotisa y la Estrella tienen cielos estrellados. Estas tres cartas están conectadas. Si las dos primeras aparecen en una lectura, es un signo de que la victoria podrá lograrse mediante la sabiduría. Si aparecen La Estrella y el Carro, la victoria traerá una sanación emocional.

PALABRAS CLAVE: fuerza de voluntad, ambición, concentración, impulso. Capacidades de liderazgo. Conecta con tu poder personal y verás manifestarse la magia. Supera las adversidades y cualquier obstáculo en tu camino. No te rindas, ¡sigue esforzándote!

DEIDADES CON LAS QUE SE ASOCIA: Apolo, Artemisa, Helios.

ASOCIACIÓN ASTROLÓGICA: Cáncer.

INVERTIDA: no hay fuerza de voluntad, ni impulso. Falta de concentración o de ambición. Miedo a comprometerse.

VIII ✦ La Fuerza

VIII ✦ La Fuerza

Una mujer de cabellos castaños rojizos está tranquilamente sentada al amanecer con un gran león a su lado. El león es majestuoso, y se inclina mansamente hacia la mujer. Ella sonríe, serena y capaz de controlar al animal solamente con su actitud. La mujer está coronada con hojas verdes de roble que representan la fuerza. Una lemniscata (el símbolo del infinito) brilla sobre su cabeza, mostrando que es un ser espiritual y mágico. Su túnica es blanca y roja, ambos colores asociados con la Diosa. Alrededor del cuello tiene ocho rubíes brillantes, que hacen referencia al número de la carta. La gargantilla es un símbolo importante, porque el rubí tiene fama de producir un estado mental de positividad y valentía. Una guirnalda de abundantes rosas rojas, que simbolizan la armonía y la belleza, cubre al león y a la mujer, uniéndolos... y nos hace preguntarnos quién tiene la fuerza en esta carta. ¿Ella, con su fuerza serena, su poder y su capacidad de disfrutar de la situación? ¿O el animal, por ser tan fuerte como para aplacar sus impulsos más salvajes, tener autocontrol y permitirse a sí mismo gozar de la experiencia?

Significado

Los temas de esta carta son fuerza suave, serenidad, fortaleza y tranquila fuerza interior. Cuando aparece en una lectura, supone un recordatorio de que no es necesario recurrir a la fuerza bruta en las circunstancias actuales; sin embargo, sí debemos hacer un uso inteligente de la fuerza interior, el autocontrol, la determinación y la fuerza de carácter. En ocasiones la acción más poderosa que podemos realizar es tener confianza nosotros mismos y en nuestra fuerza interior, ser capaces de superar con tranquilidad y determinación cualquier dificultad con la que nos estemos enfrentando, cuidadosamente y con un dominio absoluto de nosotros mismos.

PALABRAS CLAVE: fuerza de carácter, fuerza interior. Freno. Conservar la calma. Autocontrol, seguridad, determinación.

DEIDADES CON LAS QUE SE ASOCIA: Apolo, Helios.

ASOCIACIÓN ASTROLÓGICA: Leo.

INVERTIDA: sentirse incapaz. Inhibición, miedo, duda. Problemas para controlarse.

IX ✦ El Ermitaño

IX ✦ El Ermitaño

Un viejo mago sabio está buscando una visión. Quizá sea Merlín. Se ha aislado, se ha marchado solo y se ha impuesto a sí mismo la prueba de desvelar los misterios. Viste una capa clásica de mago adornada con lunas y estrellas, pero es vieja, descolorida y ligeramente deshilachada por los extremos, lo que nos muestra que lleva bastante tiempo viajando. A sus espaldas puede verse, bajo un cielo crepuscular, una montaña desolada cubierta de nieve, como símbolo de su separación del resto del mundo. El Ermitaño usa su cayado para ayudarse a caminar. En la mano derecha sostiene en alto una vieja lámpara de metal con una brillante estrella de seis puntas en su interior que le alumbra el camino. La estrella de seis puntas simboliza el equilibrio entre las energías masculinas y femeninas, y nos recuerda que debemos buscar nuestra verdad espiritual tanto dentro como fuera de nosotros. La estrella representa la sabiduría que todos llevamos dentro. Cuando la dejamos brillar, pueden suceder cosas maravillosas. Si somos fuertes, podremos llegar hasta la cumbre de la montaña, alcanzar el conocimiento y ver la luz de esta sabiduría con nuestros propios ojos. El Ermitaño adquiere experiencia con las penalidades y pruebas por las que va pasando y nos recuerda que nosotros podemos hacer lo mismo. Podemos alcanzar el conocimiento, la inspiración y la iluminación.

Significado

La carta de El Ermitaño habla de tomarse intencionadamente un tiempo de descanso, quedarse a solas y mirar dentro de uno mismo. Cuando aparece en una lectura, es señal de que tienes que hacer una pausa en tu vida para descansar y recuperarte. Este es el momento para buscar tu visión, para la reflexión, la intuición, la meditación y el crecimiento personal. Es el momento para utilizar tu magia en solitario, aunque seas miembro de una asamblea de brujas. Cree en ti y en tus corazonadas, y tómate un tiempo para ver a dónde te llevan. Deja que tu magia alumbre el camino, sean cuales sean las dificultades a las que te enfrentes.

PALABRAS CLAVE: reflexión, meditación, intuición. Dejar un tiempo tu grupo o asamblea de brujas. Trabajo solitario, pasar tiempo a solas en la naturaleza, iluminarse.

DEIDADES CON LAS QUE SE ASOCIA: Hermes el Viajero, Saturno.

ASOCIACIÓN ASTROLÓGICA: Virgo.

INVERTIDA: sentirse aislado o incapaz de hacer frente a los problemas sin ayuda. Soledad. Es el momento de buscar un nuevo grupo o asamblea.

X ✦ La Rueda del Año

X ✦ La Rueda del Año

Un pentagrama plateado y lunar está rodeado por La Rueda del Año, dorada y solar, con sus ocho radios. Al fondo vemos un cielo azul brillante y suaves nubes. Esta carta evoca la magia y el misterio de la Rueda del Año: los ocho sabbats y las cuatro estaciones y ciclos de la naturaleza.

Las cuatro estaciones y sus correspondientes palos del tarot aparecen juntos. El elemento tierra viene representado por el pentáculo, y el solsticio de invierno por el acebo, la clásica planta de la Navidad. En el uso mágico de las plantas se emplea para la buena suerte y la protección. En la parte inferior derecha vemos las flores rosadas del cerezo, que representan el equinoccio de la primavera junto con la espada, ambos asociados con el elemento aire. Las flores del cerezo, un típico árbol que florece en primavera, indican nobleza y caballerosidad. En la parte inferior izquierda hay hojas verdes brillantes de roble, que simbolizan el solsticio de verano, y la vara de espino florecido de nuestra baraja, que encajan a la perfección con el elemento fuego. Aquí la frondosidad del roble a mediados del verano representa la salud, la sabiduría, la virtud y una larga vida. Por último, en la parte superior izquierda de la carta vemos una encantadora mezcla de bellas hojas anaranjadas de arce en otoño combinadas con bellotas de la cosecha. El palo de copas está alineado con la estación del otoño, ligado al elemento agua. Las hojas de arce simbolizan la elegancia, la belleza y la energía, mientras que las bellotas brindan prosperidad y sabiduría.

Significado

Esta carta simboliza la magia de las cuatro estaciones y las energías de la Rueda del Año. Cuando aparece en la lectura, es para decirte que trabajes con las energías y los ciclos de la naturaleza, y no en contra de ellos. Esto significa descanso e introspección en invierno; nuevos comienzos, crecimiento y oportunidades en primavera; energía, emoción, generosidad y vigor en verano, y abundancia y recordatorios para que en el otoño te prepares, recolectes y recuerdes. Espera cambios, porque todo en la vida está siempre transformándose y creciendo. Esta carta suele representar la buena suerte, la oportunidad y un incidente fortuito.

Palabras clave: la Rueda del Año, celebrar los sabbats y los esbats. Buena suerte. Trabajar con las energías y la magia de cada estación.

Deidades con las que se asocia: Fortuna, Arianrod.

Asociación astrológica: Júpiter.

Invertida: un periodo de mala suerte. Sentirse desconectado de las estaciones y ritmos de la naturaleza. Trastorno anímico estacional (depresión de invierno).

XI ✦ La Justicia

XI ✦ La Justicia

La diosa griega de la justicia, Themis, está sentada en su templo. Te observa fijamente con una mirada directa y pensativa, mientras sostiene una espada de doble filo en la mano derecha. La espada indica la necesidad de conservar el equilibrio, incluso recurriendo a la fuerza. En la mano derecha

Themis sostiene una balanza, igualmente equilibrada. Las esmeraldas de su corona y el broche de esmeraldas prendido en su capa promueven la estabilidad emocional y fomentan la sabiduría. Nadie puede ver a través de la cortina morada que hay a sus espadas, como si ocultara los misterios del funcionamiento interno del universo.

Esta es la carta central de las veintidós que constituyen los Arcanos Mayores, ya que la justicia está en el centro de nuestras vidas y nos asegura un resultado imparcial. Themis lo trata todo con integridad y profundo respeto, al ser, en esencia, una fuerza neutral. La Justicia nos recuerda la ley del karma y la de causa y efecto. Lo que hicimos en el pasado y lo que hacemos ahora en el presente afectará a nuestro futuro.

La carta de La Justicia nos muestra el equilibrio y la ecuanimidad. Ha llegado el momento de sopesar tus opciones y valorar cómo estás actuando en tu vida. Las rudbeckias bicolores que crecen en los maceteros son, en el lenguaje de las flores, un elegante símbolo de la justicia. Esta carta está conectada a La Gran Sacerdotisa y El Karma. Como la primera, La Justicia es una fuerza neutral, y sus lazos con la segunda nos recuerdan que, al final, siempre se impone el karma.

Significado

Cuando la carta de La Justicia aparece en una lectura, tienes que preguntarte a ti mismo dónde hay un desequilibrio y qué tipo de justicia estás buscando. ¿Qué te parece injusto en tu vida? ¿Qué acciones has realizado para llegar a la situación en la que te encuentras? Esta carta puede representar asuntos legales y un posible juicio. Indica que el juego limpio, la honestidad, la armonía y el equilibrio harán muy pronto su aparición. Los problemas terminarán arreglándose por sí solos. Ten confianza y deja que sean los dioses quienes se encarguen de repartir justicia.

Palabras clave: justicia, asuntos legales, resultado justo en un juicio. Causa y efecto. Dejar que los dioses se ocupen del resultado. Honestidad, equilibrio, integridad e igualdad.

Deidades con las que se asocia: Atenea, Maat, Themis.

Asociación astrológica: Libra.

Invertida: prejuicios, injusticia, retrasos, resultados injustos.

XII ✦ El Colgado

XII ✦ El Colgado

Un joven de semblante sereno cuelga bocabajo suspendido de un fresno por el pie derecho. Se encuentra en un estado de transición o atravesando algún tipo de iniciación. El halo que rodea el rostro de El Colgado nos muestra que está experimentando una epifanía. El cielo apacible del fondo de esta carta te dice que ahora no hay que tener miedo. Debes desprenderte de algo viejo y dañino para alcanzar la nueva sabiduría. Disfruta de esta perspectiva nueva y de este paréntesis en tu vida, y verás lo que descubres.

En la tradición del paganismo nórdico, el árbol del mundo Yggdrasil sustenta a la totalidad del universo. El cuervo es un tótem del dios Odin, y simboliza la iniciación, los secretos y la profecía. Lo mismo que Odin cuelga del árbol del mundo para conseguir el conocimiento de las runas, también El Colgado encuentra sus respuestas en el fresno durante esta fase de transición de su vida.

El cuervo sostiene un reluciente pentagrama dorado en el pico y desde arriba mira a El Colgado como preguntándole qué hace ahí. Quizá este sea su animal totémico, que le hace compañía en este estado de transición. Los cuervos son aves mágicas, inteligentes y juguetonas. Les atraen los objetos relucientes y brillantes, que ocultan en escondrijos. Los clásicos colores rojo, verde, amarillo y azul nos hablan del equilibrio entre los cuatro elementos naturales, y estos son los colores de la indumentaria de El Colgado. Las runas bordadas en el cuello de su camisa y las que decoran el tronco del fresno enlazan con Odin, con el árbol del mundo y con la sabiduría que hay en él.

Significado

Cuando esta carta aparece en una lectura, es un mensaje que nos invita a mirar las cosas desde otra perspectiva. Acepta la idea de la iniciación como vehículo a una nueva sabiduría y una senda espiritual más clara. Despréndete de la ilusión del control, ponlo todo del revés y mira con atención la lección que tienes delante de ti. Relájate y sé paciente; quizá no sea fácil, pero luchar contra los cambios de tu vida solo crea más problemas. Lee los símbolos con atención, ya sean cartas de tarot o runas. Medita sobre las lecciones que guardan mientras te das permiso a ti mismo para atravesar esta fase de transición o iniciática con serenidad y alegría. Al hacerlo, desvelarás los misterios.

PALABRAS CLAVE: iniciación, fase de transición de la vida. Relájate y deja que vengan los cambios. Nueva perspectiva de la vida, magia de las runas, mirar las circunstancias actuales desde un nuevo punto de vista.

DEIDADES CON LAS QUE SE ASOCIA: Odin.

ASOCIACIÓN ASTROLÓGICA: Neptuno.

INVERTIDA: estar estancado, no ser capaz de avanzar.

XIII ✦ La Muerte

XIII ✦ La Muerte

La carta de La Muerte es una de las que se prestan a mayores malentendidos en la baraja de tarot. Casi nunca simboliza la muerte física; más bien lo que anuncia es un cambio radical en la vida del consultante. En esta carta, la calavera de La Muerte está iluminada con un fuego cegador. La calavera es un símbolo de la mortalidad y el asiento de la mente. Las llamas, de un color amarillo verdoso, representan la energía y el poder de la mente. La armadura de La Muerte es oscura y desgastada; su caballo blanco tiene los ojos centelleantes y una brida con adornos de calaveras y tibias cruzadas. La Muerte lleva un estandarte que anuncia la transformación, adornado con el número trece (el número de lunas llenas que hay en un año) y con una flor, una rosa blanca de cinco pétalos, que simboliza los ciclos naturales de la vida. El brillante cielo rojo del atardecer, al fondo, se corresponde con el fin del día y con el fin de uno de los capítulos de tu vida.

Hay un niño de pie delante de La Muerte con una ofrenda de un ramo de margaritas blancas unidas por cintas con los colores de la Triple Diosa, blanco, rojo y negro. En el lenguaje de las flores, las margaritas blancas simbolizan la inocencia. Es importante fijarse en que el niño mira hacia arriba y está frente a La Muerte mientras levanta las flores. Está feliz, confiado y no tiene miedo de este caballero; celebra el cambio. El niño representa la esperanza.

Significado

Esta carta simboliza el cambio. Para que algo nuevo crezca, hay que desprenderse de algo viejo. Aparece con frecuencia en las lecturas para las embarazadas, lo cual tiene sentido. Piénsalo: su manera de vivir va a cambiar para siempre. Sus vidas están a punto de transformarse en algo distinto, algo nuevo y emocionante. Esta carta simboliza también otros finales y principios importantes de tu vida: nacimiento, matrimonio, nuevo trabajo, entrar en la universidad, mudarse, etc. En esencia un modo de vida desaparece, creando un espacio para que emerja un nuevo principio y nuevas oportunidades.

PALABRAS CLAVE: transformación, cambio. Finales y principios. Ciclos de la naturaleza y de la vida.

DEIDADES CON LAS QUE SE ASOCIA: Hades, Plutón, Hel.

ASOCIACIÓN ASTROLÓGICA: Escorpio.

INVERTIDA: ajuste traumático, retraso, cambio difícil.

XIV ✦ La Templanza

XIV ✦ La Templanza

De pie junto la orilla del agua, Iris, la diosa griega del arcoíris, mira al frente, las alas doradas extendidas. Su impoluta túnica blanca tiene un triángulo dorado en el corpiño, que significa equilibrio y creatividad. La túnica cae suelta sobre su figura, y uno de sus pies está en la tierra, mientras que el otro toca el agua. No está ni en la tierra ni en el agua, sino en un lugar encantado que se encuentra entre ambos mundos: un lugar intermedio.

En cada mano Iris sostiene un cáliz distinto y va pasando tranquilamente el agua del uno al otro. El agua flota mágicamente en el aire antes de terminar en el cáliz de abajo. Se está produciendo una transformación alquímica, la diosa está mezclando el líquido de los cálices para llegar al equilibrio o mezcla adecuados. Detrás de Iris las nubes se han abierto en el cielo y aparece un arcoíris que representa la esperanza, la magia, los milagros. A su alrededor, en la verde ribera, crecen flores de iris de varios colores. Estas encantadoras flores simbolizan «un mensaje elocuente», que se ajusta a la diosa mensajera de quien tomaron el nombre.

Significado

La carta de La Templanza aparece en una lectura cuando es el momento de ser comedido, de mostrar algo más de tacto que de costumbre y de emplear moderación. Esta carta de los Arcanos Mayores representa la mezcla de distintos elementos mágicos para crear algo nuevo, lo mismo que la lluvia y el sol crean un arcoíris. También simboliza la alquimia personal de una transformación espiritual. Ahora es el momento de trabajar para sanar tu ser espiritual, para descubrir el equilibrio apropiado, o «flujo», en tu magia y en tu vida. Estate atento a los mensajes de los dioses.

PALABRAS CLAVE: alquimia. Restaurar el equilibrio. Moderación, freno y tacto. Encontrar tu equilibrio, estar atento a los mensajes divinos, y trabajar en tu sanación y transformación espirituales.

Deidades con las que se asocia: Iris, Hebe.

Asociación astrológica: Sagitario.

Invertida: acciones y comportamientos desequilibrados. Adicción.

XV ✦ La Sombra

XV ✦ La Sombra

La Sombra reemplaza a la tradicional carta de El Diablo –las brujas no se identifican con esta figura–. La Sombra muestra lo que sucede cuando dejas que el miedo y el pánico se apoderen de ti. En la carta se ve a una pareja asustada intentando escapar de una oscura y tenebrosa figura. Están solos en un bosque siniestro. Claramente, el miedo los domina. Las ropas del hombre y de la mujer son oscuras y lúgubres, representando su desdicha por encontrarse en un lugar oscuro de sus vidas. Su postura y sus expresiones transmiten su miedo y nos muestran que sin darse cuenta le han cedido su poder a alguien o a algo. Correr y esconderse de la criatura tenebrosa no les ayuda, ni tampoco les hace encontrar ningún consuelo. En lugar de eso, deben volverse hacia ella, enfrentarse a sus miedos y no dejar que las situaciones y la gente los asusten, los intimiden o los hagan sentir mal.

De vez en cuando todos nos encontramos con momentos de oscuridad en nuestras vidas. La pregunta es: cuando eso suceda, ¿estarás a la altura de las circunstancias para vencer a tus miedos? ¿Te enfrentarás a quienes te desafían y les plantarás cara a las situaciones, o lloriquearás y te preocuparás? Enfréntate a tus adversarios y lucha con honor e integridad, y derrotarás a quienes te desafían.

Significado

Esta carta simboliza que estás dejando que alguien o alguna situación tenga poder sobre ti. Ese antiguo compañero de la asamblea de brujas que se marchó montando un espectáculo, ese cuñado o tu suegra a los que no puedes aguantar o tu jefe, que nunca está satisfecho con tu trabajo, cualquier persona que con solo aparecer te arruina el día... porque tú la dejas. ¡Rompe esas cadenas y deja atrás las sombras! Deja de darles tu poder y sé fuerte. Lo importante es recordar que puedes liberarte de tu reacción cuando quieras. Ha llegado el momento de aceptar esa sombra de tu personalidad y mirar cara a cara a tus miedos. Tienes que hacerte cargo de eso que te está frenando.

Palabras clave: dejar que otra persona tenga poder sobre tus reacciones. Defenderte de la magia negativa. Conquistar el miedo para salir victorioso.

Deidades con las que se asocia: Pan, el Dios Cornudo, Veles.

Asociación astrológica: Capricornio.

Invertida: opresión, espejismos, argucias, engaño.

XVI ✦ La Torre

XVI ✦ La Torre

La carta de La Torre nos habla de una revelación sensacional o de un cambio repentino de planes. Sobre una elevada peña se alza una torre rodeada por un cielo tormentoso y oscuro. Un rayo culebrea desde los nubarrones y golpea la torre, derribando la corona que la cubría. Se ven llamas en el interior, un fuego que purifica y transforma. Dos figuras caen de cabeza desde la torre. Esto nos hace ver que han perdido totalmente el control de la situación.

La torre simboliza nuestras ambiciones, mientras que la corona con rubíes engarzados representa al ego. En las tradiciones mágicas, los rubíes se usan para elevar la conciencia. El relámpago de la escena indica que ahora hay un momento de inspiración y que la brillante luz de la verdad aclarará cualquier situación dudosa. Se están eliminando los obstáculos y finalmente nos abriremos paso a través de la energía negativa. Está produciéndose una transformación, en estos momentos hay que hacer una revaluación. Las circunstancias te obligan a salir del mundo cómodo y protector en el que vivías... Ahora tendrás que lidiar con lo que venga a continuación.

Significado

La carta de La Torre habla de una revelación sorprendente o de un incidente que cambia por completo la manera en que te ves a ti mismo y a la gente que te rodea. Esto no tiene por qué ser negativo. Ahora que toda esa presión acumulada salió de la torre, el fuego la purificará y la transformará por dentro. Se desvelan secretos impactantes; para el ego puede ser un duro golpe, pero sobrevivirás a la caída. El cambio se aproxima, y va a ser radical. Los bloqueos u obstáculos espirituales con los que te enfrentabas han desaparecido. Lo que aprendas ahora a la larga te será de una gran ayuda.

PALABRAS CLAVE: cambio de planes, revelación de secretos. Conmoción. Un golpe para el ego. Situaciones que llegan a un punto crítico. Revaluación. Cambio radical. Se eliminan los obstáculos de tu senda espiritual.

DEIDADES CON LAS QUE SE ASOCIA: Marte, Thor, Zeus.

ASOCIACIÓN ASTROLÓGICA: Marte.

INVERTIDA: peleas, trauma, frustración, destrucción.

XVII ✦ La Estrella

XVII ✦ La Estrella

La Diosa Estrella está desnuda en la orilla. Uno de sus pies permanece en la tierra, el otro en el agua. También extiende los brazos sobre la tierra y sobre el agua. En cada mano sostiene una sencilla jarra de cerámica. Un chorro de agua cae en la tierra, representando la sanación física, mientras que el de la otra jarra vuelve a caer en el agua, simbolizando la sanación espiritual. Una gran estrella brilla en el cielo nocturno, rodeada por otras siete más pequeñas, cada una de ellas con ocho rayos brillantes. La estrella de ocho rayos es un símbolo de sanación y un distintivo de la diosa Venus, que le da nombre al lucero del alba. Las estrellas brillantes que aparecen en la carta te dicen que persigas tus sueños, que trabajes con la marea y la energía serena de las estrellas y que tus deseos se harán realidad esta vez. En la orilla y en torno a la Diosa Estrella crecen nomeolvides azules. Las nomeolvides son flores sagradas, también para la diosa Venus, y representan la esperanza y el amor.

En esta imagen, como sucede con la carta de La Templanza, la Diosa Estrella está actuando entre ambos mundos. Estar «en medio» es hallarse en uno de los lugares más mágicos. El ibis sagrado posado sobre el leño en la orilla representa a Thot, el dios egipcio de la sabiduría y la ciencia divinas. Thot fue el inventor de la astronomía y se le considera el patrón de las artes mágicas.

Significado

La Estrella simboliza la esperanza, la paz interior, la creatividad y la sanación. Cuando esta bella y plácida carta aparece en la lectura, es señal de que la sanación física y emocional va a producirse pronto. Mantén la esperanza, persigue tus sueños, y tus deseos te serán concedidos. Esta carta habla de inspiración: tu creatividad fluirá con más soltura que nunca. Déjala llenarte, y verás a dónde te lleva. La Estrella representa una magia más suave y delicada e indica que podrás usar tus dotes intuitivas con éxito. Además, para llevar a cabo cualquier actividad mágica en estos momentos resulta imprescindible tener en cuenta el ritmo astrológico.

Palabras clave: sanación, inspiración, intuición, renovación. Esperanza, paz, deseos concedidos. Magia astrológica. Sabiduría. La creatividad fluye.

Deidades con las que se asocia: Diosa Estrella, Astrea, Venus, Isis, Ishtar, Nut, Thoth.

Asociación astrológica: Acuario.

Invertida: pesimismo, retraso, duda, bloqueo espiritual.

XVIII ✦ La Luna

XVIII ✦ La Luna

Hécate la Hechicera está en medio de una encrucijada, rodeada por la niebla, sosteniendo en alto una antorcha. La brisa agita su pelo plateado, y en la garganta lleva un colgante con la Rueda de Hécate. De su cintura cuelgan tres llaves maestras y un pentáculo. Hécate Trivia, «la diosa de las tres sendas» o la diosa de las encrucijadas, dominaba sobre la tierra, el cielo y el mar. Podía aparecer bajo diferentes apariencias: bella doncella, matrona, o hechicera y guía, como en esta carta. La hechicera es una mujer poderosa, una mujer que ha adquirido un gran conocimiento en su vida, que camina con sabiduría y que lleva el aso del tiempo maravillosamente.

El trío de lobos compañeros de Hécate representa nuestro lado más salvaje. Ella siempre iba acompañada de caninos, tanto salvajes como domésticos. Los dos sauces se corresponden con el elemento agua y con la magia lunar.

Hécate nos muestra que hay más cosas por ver que lo que en un principio podríamos imaginar, como una hechicera que, en lugar de macilenta y marchita, es bella. La magia está en todas partes, incluso en los lugares más insospechados. Mira con mucha atención... ¿Qué te revelarán Hécate y la luz de la luna?

Significado

Esta es la carta de la Diosa Hechicera, la magia de la luna menguante, la intuición y las falacias. También puede representar un desarrollo de los poderes psíquicos. Cuando aparece en una lectura, revela que la gente y las situaciones no son siempre lo que parecen. La luz de la luna puede resultar engañosa. Lo que parece de una manera durante el día puede tener un aspecto completamente distinto bajo la cambiante luz de la luna. Tienes que mirar con mucha atención a lo que crees que estás viendo. Invoca a tus guías, a tus tótems y a Hécate para ver más allá de la niebla y reconocer la verdad. Usa tus dotes psíquicas y confía en tu intuición. Ahora puedes hacer magia con Hécate para ver más allá de cualquier espejismo y para alcanzar los dones de la clarividencia, la sabiduría y la protección.

Palabras clave: la Diosa como hechicera. Magia de luna menguante. Magia protectora. Ver lo que otros tratan de mantener oculto. Intuición y desarrollo de los poderes psíquicos. Sabiduría ganada a través de años de experiencia vital.

Deidades con las que se asocia: La Diosa Hechicera, Hécate Trivia.

Asociación astrológica: Piscis.

Invertida: confusión, desengaño, falsedad, ansiedad, miedo.

XIX ✦ El Sol

XIX ✦ El Sol

Un niño rubio va montado a caballo por un campo de bellísimos girasoles. Sobre él, nubes blancas iluminadas por el sol brillante, que resplandece en un cielo azul de verano. Es el punto álgido de la temporada de las cosechas y un día de poder: el solsticio de verano. El niño representado en la carta es dulce, sonriente, feliz, y siente que está viviendo una aventura. Encarna la emoción, el entusiasmo y la alegría. Si escuchas con atención, oirás cómo te llama para que le acompañes en su aventura. Es el divino Niño Sol.

Los girasoles, de forma natural, vuelven su cara al sol durante el día, y en el lenguaje de las flores simbolizan la fama, el éxito y el aprecio de los demás. En muchas mitologías los caballos blancos representan el amanecer, la vida, la luz y la iluminación. Además, están ligados a la magia y al territorio de las hadas. El caballo blanco, el niño rubio y los girasoles son todos ellos símbolos solares clásicos. Este Arcano Mayor está también asociado al poder personal y a la celebración de los equinoccios y de los solsticios.

Significado

Esta es una de las cartas más afortunadas de la baraja del tarot. El Sol trae buenos presagios, buena suerte, logros, creatividad y grandes avances. Baila bajo la luz del sol y practica la magia solar. El éxito te pertenece; espera tiempos más felices, buena salud, energía y vitalidad. Has alcanzado la plenitud espiritual. Disfrutarás de buenos momentos con tus amigos más queridos, y están a punto de llegar a tu vida acontecimientos y celebraciones mágicos. Tu poder personal está en su cénit. Concentra ese magnetismo para ver hasta dónde te lleva. ¡Todo está yendo a tu favor, de manera que agárrate y disfruta el viaje!

PALABRAS CLAVE: logros, poder personal, buenos momentos, acontecimientos felices. Amistad, vitalidad, alegría, entusiasmo. Fama, crecimiento, éxito, felicidad. Magia solar. Los solsticios y los equinoccios.

Deidades con las que se asocia: el Niño Sol, Apolo, Brigit, Helios, Sunna.

Asociación astrológica: Sol.

Invertida: necesidad de regresar a la realidad. Competición. Las exigencias de ser famoso.

XX ✦ El Karma

XX ✦ El Karma

Tres personas han unido sus manos y las alzan celebrando el momento en que culmina el eclipse solar. Son una familia —una mujer, un hombre en el centro y su hijo— que se ha reunido para celebrar el eclipse. Están delante de un círculo mágico en el que unas antorchas iluminan el área ceremonial. El trío viste túnicas rituales con fajines de color morado. El morado es un color poderoso, espiritual y a la vez intuitivo, una buena elección para esta carta. En la distancia hay un campo verde y montañas, un símbolo clásico de esta carta que probablemente representen pensamientos abstractos. La luz es extraña, como si, debido al eclipse que se está produciendo, fuera de día y de noche al mismo tiempo.

El eclipse nos recuerda que aquí están actuando fuerzas que son más grandes que tú. Tradicionalmente el eclipse solar total es un símbolo de los milagros y la magia, así como un recordatorio fascinante de que la divinidad está presente en tu vida cotidiana. Todo sucede por algo. Ahora tienes que aceptar tu pasado, preguntarte qué lecciones has aprendido de tus experiencias. Así podrás actuar dignamente con una mayor comprensión.

Significado

La carta de El Karma nos muestra que hay que respetar los ciclos y el cambio, y que todo sucede por algún motivo. Acepta los cambios que se producen en tu vida y supérate con ellos. Las fuerzas espirituales están actuando. Es ahora cuando tienes que tomar una decisión importante. Lo que elijas hoy dará forma a tu mañana; ten en cuenta que eres tú quien crea tu propio karma. Por eso debes tomar conciencia a un nivel espiritual de tus actos y también de tu magia. El karma termina siempre imponiéndose. Esfuérzate conscientemente para crear una transformación positiva.

PALABRAS CLAVE: hacer un cambio positivo para crear tu futuro. Renovación, ser más consciente a nivel espiritual y mágico. Karma y destino. Reflexionar sobre las situaciones del pasado. Resultados de tus acciones pasadas.

DEIDADES CON LAS QUE SE ASOCIA: Horus.

ASOCIACIÓN ASTROLÓGICA: Plutón.

INVERTIDA: malas decisiones, arrepentimiento. Sentir las desafortunadas consecuencias de la regla mágica de tres.[1] Uno recibe lo que da.

---

1. N. del T.: Cualquier energía que alguien proyecte, sea positiva o negativa, volverá a él por triplicado.

XXI ✦ El Mundo

XXI ✦ El Mundo

La carta de El Mundo simboliza el final del viaje de El Loco y es la culminación de todas las cartas que vienen antes de ella. Ha pasado por todos los misterios de los Arcanos Mayores y su recorrido ha terminado. El Loco aparece en la esquina superior izquierda. Ahora que ha completado su viaje mágico, es más viejo y más sabio. En las otras tres esquinas de la carta tenemos representaciones de los dones que ha recibido mientras realizaba su viaje. En la esquina superior derecha, un águila dorada surca los cielos. Representa los dones de la inteligencia, el valor y la confianza en sí mismo. Abajo, en la esquina derecha, vemos a un león adulto, que simboliza los dones de la fuerza, la pasión y el renacimiento con los que ahora cuenta El Loco. En la esquina inferior izquierda, se nos muestra un poderoso venado, símbolo del orgullo, el aplomo y la integridad. El Loco, más viejo y con mayor sabiduría, puede ahora usar fácilmente todas estas cualidades tanto en su magia como en su vida cotidiana.

El Hombre Verde del centro de la carta de El Mundo nos sonríe con el rostro rodeado de hojas y ramas coronando su cabeza, un guiño a las astas del Dios Cornudo de la naturaleza. Para las brujas, el Hombre Verde es una representación bella y evocativa, o un arquetipo, de los asombrosos poderes y la magia del mundo natural. Se trata de una representación perfecta para poner punto final a las cartas de los Arcanos Mayores, ya que tanto el Hombre Verde como la carta de El Mundo son símbolos de renacimiento y regeneración.

Significado

Cuando esta carta aparece en una lectura, es señal de haber dominado lecciones espirituales. Se puede disfrutar de una sensación de libertad y de armonía. Ahora se podrá hacer un buen uso del conocimiento, de la fuerza e incluso de la comprensión espiritual recientemente adquiridos. Asimismo simboliza la finalización con éxito de un proyecto, un renacer personal o unas conexiones espirituales fuertes y sanas entre los miembros de tu grupo o de tu asamblea de brujas.

Palabras clave: renacimiento, integridad, finalización, alegría. Victoria y logros. El final satisfactorio de un viaje. La magia y lo maravilloso del mundo natural. Conexiones espirituales entre las personas.

Deidades con las que se asocia: el Hombre Verde, Gaia.

Asociación astrológica: Saturno.

Invertida: retraso en la finalización de un proyecto. Problemas recurrentes. Ignorar la magia del mundo natural.

Los Arcanos Menores

En el tarot, como en la magia, los
cuatro emblemas representan al mundo
mismo y a la naturaleza humana…

RACHEL POLLACK

Los Arcanos Menores consisten en cuatro palos diferentes: copas, espadas, bastos y pentáculos. Cada uno de ellos se alinea con uno de los cuatro elementos naturales, aunque muchos lectores del tarot olvidan esto. En esta baraja los elementos son predominantes y afectan a la situación de cada carta.

En los Arcanos Menores y dentro de cada uno de los cuatro palos hay dos conjuntos diferentes de cartas. Por un lado, tenemos las cartas numeradas, desde el as hasta el diez. Por otro, las cartas de la corte: el paje, el caballero, la reina y el rey. En la baraja del Tarot de las Brujas cada una de las cartas de la corte te trae un mensaje personal cautivador, un reto o una lección, de manera que léelas con atención.

Se considera que los bastos y las espadas tienen energías masculinas asignadas a los elementos que los rigen, que son respectivamente el fuego y el aire. Estos palos se consideran activos, mientras que las copas y los pentáculos, regidos por el agua y la tierra, son femeninos y pasivos.

También es interesante tener en cuenta que, en las lecturas, los pentáculos (tierra) y los bastos (fuego) representan actividades físicas, mientras que las copas (agua) y las espadas (aire) simbolizan las emociones que se están sintiendo. Cada elemento representa no solo una clase de experiencia sino también una manera de afrontar los desafíos de tu vida.

Las barajas modernas basadas en el tarot Rider-Waite-Smith siguen el estándar de la Orden del Amanecer Dorado, al igual que esta. Esto significa que se asigna el elemento aire a las espadas y el elemento fuego a los bastos. Aunque a las brujas de hoy en día pueda parecerles que está al revés, se trata de una imaginería clásica. Quería que las cartas de esta baraja tuvieran un aire brujeril, con imágenes y significados fácilmente reconocibles para evitar la confusión. De esta manera podrás fluir fácilmente con tus lecturas. Estarás de acuerdo conmigo en que mientras se está haciendo una lectura es muy molesto hacer una pausa, mirar una carta y preguntarse: «Espera… ¿qué carta era esta?». O, peor, perder el tiempo o interrumpir el flujo de la lectura mientras repasas en tu memoria buscando una imagen más conocida o clásica de la carta, y luego transferir esa definición a la baraja que estás usando en ese momento.

Para terminar, los Arcanos Menores (las cartas numeradas y las de la corte) nos muestran las situaciones y personas con las que nos encontramos o a las que nos enfrentamos en nuestras vidas. Brindan significado a los acontecimientos y claridad a los desafíos que afrontamos, y aportan luz a las preguntas habituales que les hacemos.

COPAS

La copa encantada de la vida brilla cerca del borde.

LORD BYRON

El palo de copas simboliza el elemento agua y todas las asociaciones mágicas que surgen de este elemento, como las capacidades psíquicas, el amor y las emociones. Las copas atraviesan una senda que lleva a la comprensión por medio del amor, la inspiración y la imaginación. Este palo representa el poder de las emociones, la amistad, la familia, el amor y las relaciones. Analiza cómo estamos conectados los unos con los otros. Es un canto al elemento agua en toda su enorme variedad de formas: desde cielos nublados o lluviosos hasta estanques, fuentes, lagos serenos, ríos y arroyos, cascadas, bellísimas playas y mares melancólicos. Además conoceremos a algunas de las criaturas mágicas que habitan en ella. Los seres elementales asociados con las copas y el agua son las sirenas, que aparecen en estas cartas. También están representadas algunas de las criaturas que se corresponden con el elemento agua: presta atención a los delfines y a un pez que guarda un secreto.

Asimismo, en las imágenes de las cartas se han incorporado plantas, árboles, flores y su magia respectiva –todos ellos también asociados con el elemento agua–, como dedaleras, nenúfares, iris, violetas, pensamientos y rosas, así como una calabaza lunar y un sauce. Cada uno de sus mensajes viene explicado en el significado individual de las cartas.

El palo de copas se corresponde con los nacidos bajo un símbolo zodiacal de agua: Cáncer, Escorpio y Piscis. Físicamente las figuras de la corte representan a gente con el pelo castaño claro o rubio y ojos azules o verdes. Además los individuos que se sienten atraídos por las copas suelen ser románticos, sensibles, empáticos, con poderes psíquicos. Normalmente se dejan arrastrar por sus emociones. Son los soñadores y místicos del mundo.

As de Copas

As de Copas

Sobre la trémula superficie de un lago en la que se reflejan los destellos del amanecer flota el As de Copas. La copa plateada, con su estilizado diseño de vieira, está rodeada por las flores abiertas y rosadas del nenúfar y sus verdes hojas flotantes. El agua rebosa de ella en cuatro chorros (uno por cada dirección y elemento) que se derraman por el borde de la copa plateada y caen al lago, devolviendo el agua a su origen. Al fondo de la imagen, el sol se eleva por encima de la copa señalando el nacimiento de un nuevo día. Esta carta se centra en el elemento femenino del agua. La copa, o cáliz, ha sido desde siempre un símbolo consagrado de lo Divino Femenino. Se considera el útero del que surge toda la vida. Este as en concreto es un buen auspicio para las relaciones personales, ya que este palo tiene que ver con el amor y las emociones. El As de Copas también simboliza las oportunidades que llegan como caídas del cielo, así como el crecimiento emocional y los dones que este conlleva. Nos indica que este es el momento para nuevos proyectos creativos, inspiración divina, un nuevo amor o una nueva vida, así como para hacer borrón y cuenta nueva.

Significado

El As de Copas es la forma más pura y potente del elemento femenino del agua. Cuando aparece en una lectura, habla de nacimiento, crecimiento, amor y clarividencia. Aparece con frecuencia cuando se está a punto de anunciar o confirmar un embarazo. Sin embargo, el As de Copas no trata solo del nacimiento físico. Simboliza boda, matrimonio, relaciones saludables y una familia amorosa. También puede ser un símbolo de crecimiento emocional y sanación. Recuerda que el elemento agua se asocia con los poderes psíquicos, la creatividad, la imaginación y la plenitud espiritual y emocional. Observa la superficie de esa rebosante copa plateada... ¿Qué nuevas maravillas están a punto de nacer en tu mundo?

Palabras clave: nacimientos, bodas, buenas noticias y celebraciones. Amor y relaciones. Comenzar de nuevo en lo emocional. Poderes psíquicos, creatividad y sanación. El elemento agua.

Invertida: egoísmo. Tu ego se interpone en el camino hacia tu éxito.

Dos de Copas

Dos de Copas

Hay un hombre y una mujer delante de un hermoso lago de aguas tranquilas y brillantes. Están el uno frente al otro, sonriendo felices. La túnica de la mujer es azul marino con mangas largas y sueltas. La ropa del hombre tiene tonalidades acuosas azules y verdes, evocando el elemento agua que rige esta carta. Con las manos que aparecen en primer término, alzan sus copas plateadas y brindan. Las dos manos posteriores están unidas por las muñecas con un cordel dorado que simboliza sus esponsales. En el punto en que se tocan los bordes de las copas plateadas hay un brillo, un fulgor resplandeciente.

Ambos tienen una guirnalda, o corona, de flores en el pelo, hecha de violetas, rosas blancas, pensamientos blancos y morados, y hiedra de un verde intenso. Las violetas son sagradas para la diosa Venus y hablan de un amante fiel, las rosas blancas simbolizan un nuevo comienzo y el amor verdadero, los alegres pensamientos nos dicen que la pareja comparte sentimientos de amor, y la hiedra representa la fidelidad a los votos de matrimonio como algo sagrado.

Significado

El Dos de Copas representa específicamente las relaciones de pareja. Simboliza el equilibrio y la igualdad. Aquí se da una unión mágica que enlaza los corazones, los cuerpos y las almas de la mejor manera posible. Cuando esta carta surge en una lectura, indica un idilio, un compromiso, un matrimonio o una relación amorosa felices. También puede ser un signo de una boda próxima o una ceremonia de esponsales, si le sigue el Cuatro de Bastos. El Dos de Copas puede indicar también una amistad íntima o una alianza empresarial con estupendos resultados. Representa la esperanza de una nueva andadura como pareja y nos muestra que siempre hay nuevas oportunidades emocionales para una buena amistad así como para un amor auténtico y duradero.

Palabras clave: idilio. Un compromiso, esponsales, boda, o reconciliación. Una alianza. Igualdad y amor verdadero.

Invertida: problemas en tu relación. Discusiones, riñas. Separación o divorcio.

†RES DE COPAS

†RES DE COPAS

Hay una reunión de tres brujas agrupadas cara a cara. Las tres alzan sus copas plateadas en un brindis, como si celebraran el éxito de su grupo. Para reforzar el elemento agua y su magia, vemos al fondo una cascada y un riachuelo. Las mujeres visten túnicas sueltas de colores vivos adornadas con símbolos místicos, y sus joyas de plata mágica brillan a la luz del sol mientras parecen celebrar tranquilamente un sabbat, quizá el de mediados del verano, en el jardín.

Las tres mujeres están rodeadas de una enorme variedad de flores mágicas, todas ellas asociadas con el elemento agua. Las altas dedaleras de color rosado y púrpura representan la magia y la protección de las hadas; el murmullo de los iris habla de mensajes mágicos y de la comunicación que fluye entre las componentes de la asamblea de brujas; los pensamientos, también llamados en inglés *heart's ease* (alivio del corazón), muestran el cariño que sienten entre ellas, mientras que las violetas son bendiciones de la diosa de las hadas; por último, las rosas rosadas anuncian una amistad auténtica y duradera. Esta carta representa el poder del tres, y hay tres trinidades en ella: las tres mujeres, las tres copas y las tres altas agujas de la mágica planta de la dedalera.

Significado

Cuando esta carta sale en una lectura, es un recordatorio de los lazos de la magia y la amistad, así como una representación del poder del tres. Tu magia se está manifestando en este momento, tanto si haces tus hechizos en solitario como con tus queridos amigos y miembros de tu asamblea. La magia está por todas partes, y funciona. Espera crecimiento, éxito y creatividad. Estás alcanzando tus metas. Esta carta representa una amistad mágica que brinda dicha y fascinación a tu vida. También puede indicar que experimentamos un crecimiento espiritual o psíquico, que alcanzas un grado superior en tu reunión de brujas o que avanzas en el curso de tus estudios mágicos.

PALABRAS CLAVE: una circunstancia feliz. Una reunión de amigos, familia o miembros de una reunión para hacer una celebración. El poder del tres y la magia de la manifestación. Celebrar los sabbats, compartir experiencias. Avance mágico, crecimiento psíquico, los lazos de una sana amistad mágica. Crecimiento, éxito, creatividad.

INVERTIDA: egocentrismo. Antagonismo en la asamblea de brujas. Tu magia se enfrenta a obstáculos.

Cuatro de Copas

Cuatro de Copas

Un niño aparece sentado a la orilla de una laguna, enfurruñado bajo un sauce llorón. Al fondo hay una cascada. Aunque sea un día precioso con el cielo azul surcado por nubes esponjosas, el niño tiene los brazos cruzados sobre el pecho y está cabizbajo. Parece absorto, pensando en las tres copas plateadas que hay frente a él. Al lado del niño, tumbada en la orilla, hay una sirena de ojos azules y cabellos rubio platino que sostiene una cuarta copa. Las perlas de su pelo y alrededor de su muñeca están asociadas con las energías lunar y femenina, y representan sueños de lo que puede llegar a ser. Aunque puede observarse un contraste entre ellos —la sirena es rubia mientras que el niño es moreno—, tienen una expresión muy parecida. ¿Quizá ella esté imitando la expresión del niño para intentar hacerle sonreír? La sirena levanta y agita por detrás su bellísima cola de rayas azules y verdes, esperando pacientemente a que el niño alce la vista y vea las oportunidades que tiene en sus manos, que acepte la ayuda que trata de ofrecerle. El sauce de esta carta se asocia con la luna y el elemento agua. En el lenguaje de las flores, este árbol representa la paciencia.

Significado

Esta carta representa el aburrimiento, el estancamiento en una rutina o la insatisfacción con tu vida. Sin embargo, la aventura, el cambio y la ayuda se te han presentado: solo tienes que abrir los ojos para descubrir y percibir esas posibilidades nuevas y fascinantes. La ayuda viene de donde menos lo esperas. ¡Despierta! Agradece todo lo bueno que hay en tu vida y reconsidera tu posición actual.

PALABRAS CLAVE: ¡sal de la depresión en la que estás hundido! El cambio, la aventura y la oportunidad te están esperando. Deja de lamentarte y haz algo de provecho. La ayuda vendrá de donde menos la esperas.

INVERTIDA: autocompasión, conformismo, depresión.

Cinco de Copas

Cinco de Copas

Una bella criatura elemental, una sirena, se encuentra en la orilla, sentada en las rocas. Es caprichosa, vanidosa, seria y claramente está aburrida de su mundo. Su cabello y sus escamas son de un brillante turquesa oscuro e intenso. Parece que el mar se haya contagiado de su temperamento, y se muestra ligeramente agitado y de un color azul verdoso oscuro. El oleaje golpea las rocas que hay tras ella. Esparcidos alrededor de la sirena, representando su estado turbulento, hay una colección de tesoros del mar. No presta atención a las monedas de oro, y su corona lunar de perlas no le brinda ninguna dicha. Frente a ella hay cinco copas de plata, y aunque dos están de pie, tres se han volcado y el agua entra y vuelve a salir de ellas, para regresar de nuevo al mar. La sirena parece desgraciada, como si ya no sintiera ningún placer con sus tesoros. Al igual que en el clásico cuento de la sirena que anhelaba estar en tierra y dejar atrás su reino acuático, esta le ha dado la espalda al mar y ansía algo que no puede tener.

Significado

Esta carta simboliza la insatisfacción, el pesimismo y el anhelo de algo que nunca podrás tener. De las cinco copas de plata que salen en ella, dos están todavía llenas. Es curioso comprobar que la mayoría de la gente solo se fija en las tres que han derramado su contenido. Cuando esta carta hace su aparición en una lectura, es un aviso de que el aburrimiento, las pequeñas decepciones y la irritación están empezando a controlar tu vida. Quieres lo que no puedes tener, o lo que a la larga te perjudicará. Puede que ahora mismo esto te haga sentir mal, y que aquello que antes te encantaba ya no te interese, pero ha llegado el momento de dejar de hacer un drama de todo y mirar a tu alrededor con atención. Aún tienes opciones y oportunidades. Sácale partido al elemento agua, lava tu tristeza en ella, y encuentra el consuelo y la paz.

Palabras clave: insatisfacción, decepción, lamentarse, hacer un drama. Querer aquello que no puedes tener o que a la larga te perjudicará. Deja que el elemento agua lave tu tristeza.

Invertida: pérdida, remordimiento, depresión leve, tristeza.

SEIS DE COPAS

SEIS DE COPAS

Dos niños rubios adorables, hermano y hermana, están sentados alegremente sobre la verde hierba y los tréboles en una soleada tarde de verano. Han colocado unas clavelinas del poeta en seis copas plateadas. Ambos visten una amalgama de azules acuosos, y sus ropas son prácticas y resistentes para jugar en el exterior. Una bomba extrae agua para beber, por si tienen sed, y un arroyo ligero y silencioso atraviesa suavemente el paisaje. El pequeño arroyo tiene la profundidad justa para que los niños puedan chapotear y jugar cerca de él sin peligro. Al fondo se puede ver un apacible cielo azul y una casa de campo con un techado de paja. Todo es sencillo, lleno de tranquilidad, encanto e inocencia. Mientras los dos hermanos juegan, están creando lo que algún día serán recuerdos felices. La vida no tiene complicaciones, y los niños están muy cerca de la magia. Ellos nunca la ponen en duda... Simplemente está ahí. En esta carta la imaginación es lo que mueve el mundo. En el lenguaje de las flores, las clavelinas del poeta[1] representan la infancia y los recuerdos dulces.

Significado

Esta carta simboliza los recuerdos felices de tu niñez, los viejos amigos y la familia, y tu pasado. Puede indicar reuniones, una visita por sorpresa de un miembro de tu familia, un encuentro con un compañero de clase que llevas años sin ver, un amigo olvidado de los viejos tiempos, un antiguo miembro de tu asamblea de brujas que se mudó o una novia de la adolescencia que puede volver a entrar en tu vida. El Seis de Copas también puede ser un aviso de que tienes que adoptar esa actitud de asombro ante el mundo que te rodea tan propia de la niñez. Deja que tu imaginación te guíe a adentrarte en un proyecto nuevo y creativo. Vuelve a creer en la magia.

---

1. En inglés, *Sweet William* (dulce William).

PALABRAS CLAVE: recuerdos felices, viejos amigos, infancia, reuniones familiares y escolares. Deja que tu imaginación remonte el vuelo. Vuelve a creer en la magia.

INVERTIDA: recuerdos tristes. Sentirse afligido por una relación que ha terminado. Dejar de disfrutar la magia.

SIETE DE COPAS

SIETE DE COPAS

Hay siete copas plateadas dispuestas en un banco de nubes. Cada una de ellas contiene algo maravilloso, mágico y distinto. En primer término, vemos a un mago de cabellos y barba blancos que lleva gafas con cristales de media luna. Viste una toga suelta de un azul acuoso en la que hay bordados símbolos mágicos. Tiene un sombrero alto y puntiagudo, y te hace un gesto con la mano abierta como si te animara a extender la tuya y agarrar una de estas copas plateadas. Te ofrece varias alternativas. Cualquier elección que hagas es igualmente maravillosa y a la vez representa algo distinto. En una de las copas hay un diminuto dragón alado. La que se encuentra en lo más alto contiene un gatito negro. En la tercera se yergue un castillo de cuentos de hadas en miniatura, y de la cuarta sale un minúsculo arcoíris brillante. Hay una quinta copa con joyas y monedas de oro, y en la sexta descansa una pequeñísima sirena. De la séptima y última sale una mariposa monarca.

Significado

Puedes elegir entre muchas opciones maravillosas. Esta es la carta de los sueños, símbolos y signos de adivinación. Elige cualquiera de las siete copas; a continuación, sigue leyendo y comprueba lo que la elección que has hecho te dice acerca de ti. El dragón rojo representa el poder de la transformación y el elemento fuego: ¿qué clase de pasión y poder puedes manifestar en tu mundo? El gato negro te garantiza la oportunidad de acercarte más al reino animal en tu trabajo y de encontrar a tu propio familiar mágico. El castillo de cuento de la tercera copa te ofrece la oportunidad de alcanzar estabilidad, comodidad, y la magia del corazón y el hogar. El arcoíris te muestra que es el momento de perfeccionar tus habilidades de comunicación y ver qué mensajes te esperan en el arcoíris mágico de Iris en la carta de La Templanza. Las joyas y las monedas de oro te invitan a sumergirte en el elemento tierra y a hacer magia con él, a centrarte en los cristales, las piedras, los minerales y los metales. La diminuta sirena te invita a profundizar en el territorio del elemento agua: acepta tus dotes psíquicas y tus emociones para ver a dónde te llevan. Por último, la mariposa te señala al elemento aire: agudiza tu intelecto, afina tus instintos y préstale atención a tu intuición. ¿Qué nuevo conocimiento soplará el elemento aire hacia tu mundo?

Palabras clave: elección. Delante de ti hay muchas opciones maravillosas: solo tienes que elegir una de las copas y su lección.

Invertida: no cometas el error de decidir por los demás; al final se resentirán contigo por haberlo hecho. Indecisión, fantasía, ilusión.

OCHO DE COPAS

OCHO DE COPAS

En primer plano hay ocho copas plateadas colocadas en fila y dispuestas en equilibrio unas sobre otras. Tras ellas vemos a una joven ataviada con una capa azul de viajero que lleva en el pelo una ramita de guisante de olor en flor. La joven se va alejando de las copas; camina por la orilla dejándolas atrás.

El hecho de que vaya caminando por un lugar intermedio es muy significativo. Se encuentra en la frontera entre un reino y el otro, en concreto la tierra y el mar. Una brisa invisible agita y pliega ligeramente su capa por detrás. La luna en cuarto creciente brilla en el cielo nocturno, en el que titilan ocho estrellas. En la distancia se ven acantilados altos pero la viajera mantiene la mirada fija en el horizonte. Ha elegido abandonar aquello que ya no le es necesario o que le perjudica. Mientras camina por la playa, un delfín brinca fuera del agua para verla. En la antigua Grecia al delfín se lo consideraba un mensajero. En esta carta parece estar comprobando los progresos de la mujer. La joven sigue andando y avanzando. Las flores de su pelo son simbólicas: la flor rosada de los guisantes de olor representa la partida.

Significado

Esta carta te dice que hay que pasar página. Esto puede interpretarse como un cambio físico, por ejemplo, mudarse por razones de trabajo, o puede tratarse de un cambio emocional. En cualquier caso, hay que tener en cuenta el mensaje del Ocho de Copas: dejar atrás el pasado y seguir adelante con determinación hacia un lugar mejor, más feliz, más sano. Si te estás mudando, sigue adelante y disfruta los cambios positivos en tu vida.

PALABRAS CLAVE: seguir adelante con tu vida, dejar atrás el pasado, establecer unos límites adecuados.

INVERTIDA: dejar atrás el éxito. Riesgo de tomar una mala decisión.

NUEVE DE COPAS

NUEVE DE COPAS

Sobre una mesa de banquete cubierta con mantel hay nueve copas plateadas dispuestas en forma de arco. Detrás de la mesa vemos a una bella mujer que viste una túnica de colores azul y verde brillantes, sonriendo satisfecha mientras escancia vino en una de las nueve copas, como si estuviera dándote la bienvenida a la fiesta. La anfitriona lleva en el pelo plumas del místico pavo real y una flor azul, así como un collar con nueve piedras alrededor de la garganta. El mantel es de un azul pálido acuoso, y se han incorporado estrellas de mar y conchas al patrón de la tela para enlazar visualmente con el elemento agua. Dispuesto cuidadosamente sobre la mesa, como si la celebración fuera a comenzar en seguida, vemos un arreglo frutal hecho con piñas, uvas, manzanas y una calabaza. La piña es un símbolo clásico de hospitalidad. La calabaza, las manzanas y las uvas hablan de la abundancia de la época de la cosecha, y las calabazas, además, se asocian con la luna y el elemento agua. Al fondo hay un caldero (símbolo clásico de la Diosa) hirviendo a fuego lento sobre el hogar.

Significado

Cuando el Nueve de Copas aparece en una lectura, es señal de que tu vida social va a aumentar considerablemente. Esta es la carta de la «hospitalidad». Simboliza también la bienvenida y confirma que serás el anfitrión de un evento o una fiesta para la familia y los amigos. Si aparece con el Cuatro de Bastos, indica que durante unos cuantos meses estarás muy ocupado atendiendo tus compromisos sociales. El Nueve de Copas te anuncia que quizá hagas de anfitrión en la celebración de un sabbat o de un esbat para tu asamblea de brujas. También representa las reuniones de tu comunidad. No te extrañe verte involucrado en la organización y dirección de la celebración del sabbat o de un evento para tu comunidad. Disfruta con los preparativos y los planes y no te dejes estresar. Además, a esta carta se la llama también a veces «la carta del deseo». Estás a punto de que se te conceda un deseo.

Palabras clave: hospitalidad, comunidad, gentileza. Reuniones, fiestas. Se te concederá un deseo. Celebraciones agradables con la familia, la reunión de brujas y los amigos.

Invertida: autosuficiencia, falso orgullo. No eres tan popular como crees. Enemistad.

Diez de Copas

Diez de Copas

Un hombre rubio y una mujer de pelo castaño están a la orilla de un río sinuoso. Abrazados por la cintura, miran al cielo azul, donde un vibrante arcoíris brilla sobre la familia. En él hay diez copas plateadas. Los dos tienen un brazo alzado, como si estuvieran en una celebración. Mientras la pareja se abraza, sus tres hijos bailan alegremente a su lado; agarrados de la mano, forman un círculo. Los niños añaden energía y entusiasmo a esta carta. Mientras los padres permanecen tranquilos, los niños han formado un círculo y giran, sin poder contener su alegría porque es demasiado grande. Los niños tienen que reír, moverse y bailar entre las flores.

La verbena rosa crece hermosa en el prado cercano y a los pies de la familia. A lo lejos se ven sauces verdes y una bonita casa de campo en una colina. El río es un símbolo de las emociones felices que fluyen a través de esta escena. La casa de campo es un símbolo claro de un hogar feliz. El sauce está asociado con la magia de la diosa y con el elemento agua. Por último, en el lenguaje de las flores, la verbena rosa significa una unión familiar feliz.

Significado

Cuando el brillo del Diez de Copas aparece en una lectura, es un buen presagio. Esta es la carta de la familia feliz y de un buen matrimonio o una relación estable. También simboliza el vínculo de la amistad, el compañerismo en una comunidad o los lazos emocionales que se forman en una asamblea de brujas bien avenida. Por supuesto, hace falta esfuerzo y dedicación para mantener estas buenas relaciones, pero se logrará un resultado positivo y satisfactorio. Alégrate por las relaciones amorosas que tienes en tu vida. Tus amigos y tu familia son valiosos; aprécialos como se merecen.

PALABRAS CLAVE: amor, imaginación, plenitud. Alegría, buen humor, familia feliz. Buena vida familiar, comodidad y alegría. Amistad, reunión de brujas feliz, ser parte de una comunidad mágica.

INVERTIDA: insatisfacción, no ver la magia ni la alegría en tu vida. Sentirte como un extraño en tu familia o asamblea de brujas. Ser usado como chivo expiatorio.

PAJE DE COPAS

PAJE DE COPAS

El Paje de Copas aparece aquí como una jovencita a punto de hacerse mujer. Está lleno de optimismo y curiosidad, y el buen humor brilla en sus ojos de color marrón claro. Lleva el pelo castaño dorado parcialmente recogido con una diadema de conchas, y su vestido de color verde agua y sus pendientes plateados de estrella de mar nos muestran que está ligada al elemento agua. Alrededor del cuello lleva un collar hecho con simples cristales de mar. El Paje de Copas sostiene frente a ella con ambas manos una copa plateada, en la que aparece un pez azul que le susurra secretos. El pez la está invitando a que mire en su interior para asimilar el elemento agua y explorar sus talentos intuitivos, mágicos y psíquicos. Tras el Paje de Copas vemos cielos de color azul brillante y el mar. La rodea una ola juguetona y brillante en forma de luna creciente, clara referencia a los poderes femeninos de la luna y la atracción que ejerce sobre las mareas y sobre todos nosotros. A ella no le preocupa la ola; más bien agradece que juegue con ella salpicándola. Después de todo, es parte del proceso de aprendizaje. Está preparada para sumergirse y empezar sus estudios. Las aventuras y el viaje del Paje de Copas en su nueva senda mágica acaban de empezar.

Significado

Cuando el Paje de Copas aparece en una lectura, es señal de que están a punto de emerger nuevos talentos intuitivos. Examina tus dotes; sumérgete en el estudio de la intuición, la empatía, la clarividencia y otros talentos psíquicos. Esta carta de la corte puede indicar también que un estudiante acaba de comenzar su carrera en las artes mágicas. Disfruta la diversión del descubrimiento, y vuelve a desempeñar tu oficio con alegría. Lo mismo que sucede con el resto de las cartas de la corte, el paje puede representar a una persona. Por lo general será alguien joven, de cabellos rubios o castaños y ojos azules, marrones claros o verdes.

El mensaje del Paje de Copas es explorar tus talentos mágicos y psíquicos. ¡No olvides que la magia es muy divertida!

PALABRAS CLAVE: un estudiante comenzando sus estudios mágicos o psíquicos. Descubrimiento de nuevos talentos psíquicos o mágicos. Recuperar la esperanza y redescubrir la alegría de tu oficio.

ELEMENTOS ASOCIADOS: agua y tierra. El agua es el elemento natural relacionado con las copas, mientras que los cuatro pajes están vinculados con el elemento práctico de la tierra.

INVERTIDA: ignorar tu intuición y dotes psíquicas. No tomarte en serio tus estudios mágicos.

CABALLERO DE COPAS

CABALLERO DE COPAS

El apuesto Caballero de Copas recorre tranquilamente un prado verde. A lo lejos puede verse un castillo, y densas nubes al fondo. Montado en un precioso caballo gris, el caballero bordea un río resplandeciente en dirección al castillo. Está mirando una copa plateada que sostiene con expresión soñadora, como si viera algo reflejado en su interior. Podemos pensar que se trata del Grial, un símbolo tradicional de lo Divino Femenino.

Aunque el Caballero de Copas no muestra ninguna espada, lleva una armadura de plata y una bella capa azul agitada por el viento. Es un caballero elegante, no guerrero. Además del río, para enlazarlo aún más con el elemento agua, puede verse un diseño de ola en los adornos de las riendas. Las sirenas heráldicas de dos colas bordadas en el diseño de la capa simbolizan la elocuencia, la lealtad y la verdad. La sirena es Melusina, un espíritu elemental de la primavera y los ríos. El Caballero de Copas puede ser caprichoso e impetuoso, pero siempre sigue a su corazón. Es el símbolo del amor cortés y del honor.

Este caballero podría llevarte con él en su búsqueda. ¿Cómo crees que ocurriría? Podría envolverte en una aventura romántica o ser un amigo y aliado que te acompaña en un viaje o en una senda espiritual.

Significado

Un joven romántico e intuitivo de cabello rubio y ojos azules o verdes llegará pronto. Esta carta de la corte con frecuencia suele representar a un hombre sensible, galante y caballeroso. Es perspicaz, comprensivo y quizá algo reservado. Protege sus sentimientos cuidadosamente, como refleja la armadura. El Caballero de Copas caracteriza a alguien que es fiel y auténtico, que cree en la magia, la caballerosidad y el honor. Es el mejor amigo que alguien pueda esperar, y probablemente amará una sola vez y con todo el corazón. Esta carta suele salir cuando alguien está a punto de recibir una proposición o va a tener una cita. Asimismo simboliza el movimiento y el viaje, o un acto de bondad o de caballerosidad. Puede indicar un idilio, visiones de lo que va a venir, y oportunidades nuevas y creativas.

El desafío que te plantea el Caballero de Copas es el siguiente: ¿eres capaz de mirar en la superficie de la copa para ver lo que sucederá o tener una visión de tu próximo amor? Fluye con el elemento agua y busca tu respuesta mística.

PALABRAS CLAVE: un joven romántico. Idilio, una proposición o una cita. Un acto caballeroso, integración de lo Divino Femenino, sueños, una búsqueda, movimiento y viaje.

ELEMENTOS ASOCIADOS: agua y fuego. El agua es el elemento natural con el que está vinculado el palo de copas, mientras que los cuatro caballeros se relacionan con el elemento energético del fuego.

ASOCIACIONES ASTROLÓGICAS: Piscis.

INVERTIDA: un hombre infiel. Vanidad, engaño. Un mujeriego, un adulador.

REINA DE COPAS

REINA DE COPAS

La encantadora Reina de Copas está sentada en un trono de concha y coral al borde del mar. Una brisa marina juega con sus cabellos rubio platino apartándolos de su serena y hermosa cara. Las suaves olas del fondo y la belleza del cielo azul y las nubes de algodón marcan la pauta de su estado interior, tranquilo y placentero. La Reina de Copas es mística y serena. Lleva una corona de plata de siete puntas, que representan los siete mares, con perlas incrustadas. Su túnica es de un intenso azul marino, con un diseño de conchas y agua y adornada con perlas y plata. Ella eleva con las dos manos la copa plateada a la altura de los ojos como si estuviera viendo el futuro en la superficie del líquido que hay en su interior.

La Reina de Copas lleva un rico collar de zafiros, plata y perlas alrededor de la garganta. Las perlas están vinculadas con el elemento agua y con los sueños proféticos, y la plata es un metal receptivo. Los zafiros enlazan de forma natural con el elemento agua, y su presencia en la corona de plata y en el collar refuerza su lucidez psíquica y está asociada con el amor y la serenidad. En su regazo hay un pequeño ramo de violetas del bosque, rosas blancas y dedaleras moradas, flores que se corresponden con el mismo elemento. Las rosas blancas simbolizan emociones amorosas; las violetas, fidelidad, y las dedaleras son una flor mágica de protección. Las rosas blancas de la arena, esparcidas a sus pies, las ha dejado como ofrenda a los mares, de los que absorbe su poder elemental.

Significado

Esta carta representa a una mujer madura mística, comprensiva, sensual, amorosa y emotiva. Es una mujer del signo de agua, una esposa y madre leal, tu mejor amiga, una bruja que ama la naturaleza, a los animales, a sus hijos y a su pareja con la misma intensidad. Esta es una carta que denota a una clarividente dotada y a una mujer de gran intuición y talentos mágicos. En el aspecto físico, puede representar a una mujer bonita, rubia, de ojos azules o verdes. Enlaza con La

Gran Sacerdotisa, ya que ambas son cartas de poder e intuición femeninos.

Cuando la Reina de Copas aparezca en tu lectura, recuerda que a todos tus dotes psíquicas les afectan las emociones. Su mensaje es que dediques un tiempo a la reflexión. Calma tus emociones, sé afectuoso y noble. Permite que la sanación y la magia del elemento agua te purifiquen y traigan visiones a tu mundo.

Palabras clave: serenidad, amor. Una mujer del signo de agua. Dedicación, una esposa y madre entregada. Una bruja natural o clarividente dotada. Reflexión, sanación emocional, las dotes de la clarividencia y la comprensión.

Elementos vinculados: agua y agua. Este es el elemento natural vinculado con el palo de copas; las cuatro reinas de la baraja también se asocian con este elemento.

Asociación astrológica: Cáncer.

Invertida: vanidad. Vivir en un mundo de fantasía ignorando el mundo real. Fatuidad, egoísmo, un vampiro psíquico.

REY DE COPAS

REY DE COPAS

El Rey de Copas está sentado en su trono junto al mar. Para honrar a este elemento y al palo de esta carta, en su trono aparecen grabados de copas y de sirenas de dos colas. Su túnica real tiene un diseño intrincado, y es de tonos plateados y azul cobalto; la cubre una majestuosa capa púrpura. En la túnica, a la altura del pecho, lleva bordada una sirena heráldica azul turquesa brillante, y los ribetes están adornados con olas plateadas. La sirena representa la elocuencia, la lealtad y la verdad. La corona del rey es de plata resplandeciente, con zafiros y una estrella marina estilizada. También lleva un amplio collar de cadena de plata con zafiros azules y perlas. Los metales y las piedras están vinculados al elemento agua. La plata es receptiva. Los zafiros azules incrementan sus talentos psíquicos y su capacidad de ser cariñoso y justo. Las perlas lunares son un símbolo de las maravillosas gemas del mar. Los dos brazos del rey descansan en los brazos del trono, mostrando que está relajado y tiene pleno control sobre su territorio. En la mano derecha sostiene una copa de plata; en la izquierda, un cetro terminado en concha. También vemos que está casado, ya que lleva un anillo de bodas en la mano izquierda. El Rey de Copas mira directo al frente como si estuviera reflexionando cuidadosamente sobre ti y tu petición. Sonríe afablemente, y sus cabellos rubios, su bigote y su barba muestran algunas sombras grises, lo que nos indica que es mayor y más sabio. Al fondo podemos ver el mar y los delfines haciendo cabriolas en el agua.

Significado

Un hombre maduro, sabio y buen conocedor de la magia. Esta carta representa a un individuo que es artístico, intuitivo, creativo y apasionado. Físicamente sus cabellos son de color rubio oscuro o castaño claro con algunas canas, y sus ojos, azules y verdes. Es un buen amigo, un marido cariñoso y atento y un padre devoto. El Rey de Copas da buenos y acertados consejos cuando se le pregunta. Esta carta puede representar a un hombre tranquilo que se guarda sus emociones para sí pero que puede tener un humor variable. Sin embargo, es profundamente sentimental y tiene un fuerte caparazón por fuera para tapar su interior, muy tierno y amoroso. Con frecuencia ve lo que la mayoría de la gente preferiría mantener oculto. Esta carta representa a un individuo que es un mediador excelente, dotado psíquicamente, fuerte y justo.

La lección del Rey de Copas es que la sabiduría viene de mirar en el interior. Suaviza tus opiniones sobre los demás con la compasión y el afecto.

Palabras clave: un hombre de signo de agua. Un hombre casado, maduro, buen conocedor de la magia. Marido y padre afectuoso, buen amigo, sabio consejero. Personalidad creativa. Las dotes de la intuición. La sabiduría viene de la experiencia.

Elementos asociados: agua y aire. El agua es el elemento natural al que están vinculadas las copas, mientras que los cuatro reyes se relacionan con el elemento sabio y reflexivo del aire.

Asociaciones astrológicas: Escorpio.

Invertida: dificultad al expresar las emociones. Deshonestidad, un amante dominante, alguien que se aprovecha injustamente de otro que tiene menos experiencia.

ESPADAS

No salgas de casa sin tu espada: tu intelecto.

ALAN MOORE

El palo de espadas simboliza el elemento aire y todas las asociaciones mágicas que surgen de él: sabiduría, agilidad mental y verdad. Las cartas de espadas señalan un camino inteligente hacia la comprensión mediante ideas avanzadas, conocimiento, discernimiento y los poderes de la mente. Este palo ilustra el poder de las emociones más oscuras, la actividad mental, la inteligencia y la profecía. Desarrolla la chispa original de una idea por medio de la comunicación.

Los seres elementales vinculados con el aire son las hadas; por ese motivo, si miras con atención las cartas de espadas, verás algunas hadas aladas revoloteando por ellas. Otras criaturas aladas como los halcones, los gavilanes, las aves canoras y las libélulas están también ligadas al elemento aire y harán su aparición en este palo. Hay además plantas y flores mágicas incorporadas a las imágenes , todas ellas vinculadas al elemento aire (como la lavanda, el muérdago y la lila del valle) o que tienen mensajes específicos del lenguaje de las flores que son pertinentes para la carta.

En el palo de espadas verás paisajes impresionantes. Descubrirás altas montañas, lugares barridos por el viento, un tocador a la luz de la luna, bosques a medianoche y castillos brumosos en la distancia.

Las espadas se suelen asociar con los nacidos bajo un signo zodiacal de aire: Géminis, Libra y Acuario. Físicamente las cartas de la corte de este palo representan a quienes tienen el pelo castaño y los ojos grises, verdes o marrones claros. Los individuos que se sienten atraídos por el palo de espadas suelen ser habladores, sociables y muy culto. Son apasionados e inteligentes, y dejan que sus pensamientos y sus sueños los dirijan. Saben hacer planes y organizar bien las cosas.

As de Espadas

As de Espadas

Una espada plateada flota verticalmente en medio del aire y es el foco principal de la carta. Justo detrás de ella vuela un solitario halcón de cola roja. Al fondo puede verse unas montañas brumosas. El cielo es azul, con algunas nubes rosadas y esponjosas, y está empezando a romper el alba. El As

133

de Espadas está vinculado al elemento aire, como las montañas, los lugares barridos por el viento y las aves de rapiña. Las montañas que aparecen en esta carta nos muestran que aunque tengamos muchos problemas, con aguante y perseverancia conseguiremos salir adelante. El halcón del As de Espadas es un mensajero. Nos invita a avanzar, a abrirnos a nuevas ideas y a descubrir nuestro poder personal y nuestro verdadero propósito en la vida. Puedes alcanzar el éxito; tienes que ir a por él. Esta carta muestra que la lucidez espiritual nos lleva a ver más allá de la fantasía para alcanzar la verdad real e imperecedera.

Significado

El As de Espadas es la forma más potente y pura del elemento masculino del aire. Cuando aparece en una lectura, es como si llegara una nota diciéndote que te ha llegado el momento de actuar. Esta es una carta que habla de intelecto, heroísmo, victoria, justicia, logros, empezar de nuevo y ganar batallas. Otra de las lecciones más importantes que nos muestra es que ahora tienes la oportunidad de comenzar a pensar de otra manera, ver más allá de la fantasía y aceptar las cosas como son. La verdad duele, pero a veces también puede sanar y crear espacio para una realidad nueva y mejor. Puedes alcanzar el éxito; la victoria está cerca: ¡ve y tómala con ambas manos!

PALABRAS CLAVE: éxito, verdad, conciencia, victoria, determinación. Actúa ya. Una percepción clara lleva al espíritu y a una relación más cercana con la deidad. El elemento aire.

INVERTIDA: espejismo, confusión, crueldad, injusticia. No te dejes llevar por las emociones y esfuérzate en encontrar el equilibrio.

DOS DE ESPADAS

DOS DE ESPADAS

Atardece, y una mujer de cabellos castaños lisos y flequillo está sentada en un banco de piedra frente a un lago en calma. A lo lejos se ven unas preciosas montañas. La media luna flota en el cielo crepuscular. La mujer tiene los ojos vendados y los brazos cruzados sobre el pecho; sus manos se posan en los hombros como si estuviera protegiéndose el corazón o cerrándose. Lleva una túnica suelta color marfil con ribetes azul celeste. Aunque esté seria y se mantenga en guardia, no es una víctima; está pendiente de todo lo que sucede a su alrededor. El hecho de llevar una venda nos dice que confía plenamente en sus demás sentidos aguzados para que la alerten del peligro. Sus mangas están estrechamente ceñidas a las muñecas dejando ambas manos libres para usar las espadas. Está lista para atacar si es necesario. La mujer aparece en el crepúsculo porque se encuentra en un estado intermedio. A su espalda, la luna y el agua simbolizan que se ha alejado de sus emociones, o como mínimo se niega a hacerles caso en ocasiones. A ambos lados del banco de piedra crecen pequeñas matas de lavanda. En el lenguaje de las flores la lavanda simboliza la desconfianza, por lo que resultan muy apropiadas para esta mujer. Además, está vinculada al elemento aire y tiene grandes cualidades protectoras cuando crece en el jardín de una bruja. A cada lado de la mujer hay un hada revoloteando sobre la lavanda. Curiosamente, las hadas miran al agua... Quizá la estén ayudando a vigilar su espalda.

Significado

Cuando aparece esta carta en una lectura, es una advertencia de que has bloqueado tu corazón y tus emociones y estás reprimiendo tus sentimientos. Estás literalmente negándote a ver lo que hay frente a ti. Tu corazón te dice una cosa mientras que la lógica te dice otra. El agua del lago representa tus emociones y su represión. Lo mismo que la mujer ha dado la espalda a sus sentimientos, tú tienes que ser consciente de que estás bloqueado y cerrado. Quizá pienses que tienes equilibrio, pero así no se puede solucionar un conflicto. Examina con detenimiento ambas caras de la situación. Plantéate tus opciones: establecer límites es algo positivo, pero no hay que cerrarse a los demás. Sé como el agua y las espadas de esta carta: reflexiona mientras buscas la solución y permanece en calma como el agua, mantente en equilibrio igual que las espadas al esforzarte por encontrar la armonía y la comprensión.

PALABRAS CLAVE: el corazón y la mente no están de acuerdo. Establecer límites excesivos, reprimir tus verdaderos sentimientos, buscar el equilibrio entre corazón y mente, plantearte tus opciones.

INVERTIDA: verte forzado a enfrentarte a tus emociones reprimidas. Conflicto, injusticia, obstinación.

Tres de Espadas

Tres de Espadas

Un gran corazón rojo atravesado por tres espadas. Al fondo se ve un cielo de tormenta y grandes nubarrones de lluvia. Tres hadas revolotean con aspecto abatido. Una pareja de hadas se abraza como confortándose la una a la otra, mientras que la tercera se aleja volando. Del cielo lluvioso caen flores azules de agérato. Mientras que el corazón es un símbolo de amor, verdad, valor y moral, lamentablemente las tres espadas que atraviesan el corazón en esta carta representan traición, desengaño y retraso. Los nubarrones simbolizan las turbulentas emociones y lágrimas que están presentes en tu vida en estos momentos. En el lenguaje de las flores, el agérato azul significa retraso. Esta carta ilustra los momentos más duros de angustia y el dolor de la pérdida y la traición.

Significado

Cuando el Tres de Espadas aparece en una lectura, causa una reacción visceral. Es una carta brutalmente hiriente; no hay manera de suavizarla o volverla un poco más diplomática. Cuando la vemos sobre la mesa, es como un puñetazo en la boca del estómago. Duele. Esta carta, más que ninguna otra, representa el dolor y la pérdida que el consultante está experimentando en ese momento. Lo que debes entender es que tienes que aguantar ese dolor de tu corazón, aceptarlo, soltar unas lágrimas y luego pasar página. Una vez que hayas aceptado el dolor y sentido la amargura, entonces (y solo entonces) podrás seguir adelante. Esta carta también puede representar un retraso en un proyecto o unos planes, o las dolorosas repercusiones kármicas que se experimentan cuando un encantamiento para manipular a alguien se le devuelve a quien lo ha lanzado.

PALABRAS CLAVE: retraso, traición personal, pérdida. Un momento de drama y lágrimas. Tristeza, conflicto. Un encantamiento que vuelve a quien lo lanzó.

INVERTIDA: destrucción, lucha. El proceso de sanación está bloqueado. Mientras no experimentes tu amargura no serás capaz de seguir adelante.

CUATRO DE ESPADAS

CUATRO DE ESPADAS

A un lado de la escena vemos a una mujer de ojos marrones claros con una túnica amarilla con ribetes morados. La brisa desgreña su largo pelo castaño y al fondo se ven unas montañas. El motivo de la pluma en los ribetes de la túnica hace referencia al elemento aire. A su derecha hay tres espadas, colocadas cuidadosamente sobre el muro del castillo. La mujer parece un poco cansada y sostiene la cuarta espada con la punta hacia abajo, como si estuviera buscando un lugar en el que dejarla. En la mano derecha lleva unas cuantas ramas cortas de sauce ceniciento, que en el lenguaje de las flores simboliza la recuperación de una enfermedad, y es un recordatorio de que hay que descansar y reponerse. La hiedra que crece en los muros del castillo está asociada mágicamente a la sanación. Las amatistas adornan la elaborada cinta que lleva en la frente, así como también la gargantilla y el cinturón. Esta encantadora piedra morada propicia el sueño reparador, la sanación y los sueños placenteros. En esta carta podemos ver que aunque sigue cuidándose y es capaz de mostrar un buen aspecto vistiendo su preciosa túnica y sus bellas joyas, el estrés está empezando a hacerle mella. Ansía un poco de sosiego y soledad.

Significado

Cuando aparece el Cuatro de Espadas en una lectura, es señal de que tienes que tomarte un tiempo de descanso, hacer una escapada o tomarte un día libre para poder recuperar la energía perdida y volver a tener fuerzas. Puede que el consultante se sienta agobiado por las exigencias y el estrés del día a día. Quizá sienta la necesidad de alejarse y retirarse del frenético quehacer cotidiano o de un grupo mágico. O tal vez tengas que permitirte a ti mismo tiempo para recuperarte de una enfermedad. Puede que tengas que acostumbrarte a la soledad durante un tiempo. Descubrirás las soluciones a tus problemas mágicos tranquilamente y por ti mismo.

PALABRAS CLAVE: tomarte un tiempo para ti. Descansar y permitirte reponerte por completo de una enfermedad. Recuperar la energía perdida. Hacer magia en solitario durante un tiempo, y centrarte.

INVERTIDA: sentir que te han expulsado del grupo. Rechazo, agotamiento.

CINCO DE ESPADAS

CINCO DE ESPADAS

Cinco espadas están dispuestas en forma de abanico sobre un precioso cielo azul brillante. Hay nubes de un blanco
nacarado bañadas en luz, y justo debajo de donde se unen
las puntas de las cinco espadas vemos una preciosa libélula
iridiscente, símbolo del elemento aire, del territorio de las

143

hadas y la ilusión. Cinco hadas vuelan alegremente alrededor de las espadas sin miedo a sus bordes afilados. Pero ¿qué crees que puede ser más peligroso en esta carta, los bordes afilados de las espadas o los posibles engaños de las hadas? Esta carta muestra que han herido tu orgullo, pero no vas a morirte por eso, no exageres. Puede que ahora te sientas avergonzado, pero lo que te hace sentirte humillado es, en su mayor parte, solo una ilusión. La libélula representa la necesidad de tomar un nuevo punto de vista y cambiar, mientras que las hadas te animan a aprender a reírte un poco de ti, a ver los engaños de los demás y a seguir avanzando.

Significado

Cuando el Cinco de Espadas aparece en una lectura, es señal de que el consultante se siente humillado y avergonzado. Sin embargo, se trata solo de una derrota parcial: aún tiene el control. ¡No te rindas! Dale la vuelta a la situación y busca otras posibilidades. Permite que el elemento aire traiga un poco de vitalidad y una nueva perspectiva a tu vida. Escucha el mensaje de la libélula y empieza a ver más allá de las apariencias. Transforma tu vida en algo brillante y maravilloso.

PALABRAS CLAVE: vergüenza, apariencia, engaño. Aprender a reírte de ti y seguir avanzando.

INVERTIDA: humillación, estar resentido, conflicto con una persona dominante.

SEIS DE ESPADAS

SEIS DE ESPADAS

Hay un joven sentado en la parte trasera de una pequeña embarcación de madera. Lleva un chaleco sin mangas morado, que deja al descubierto sus brazos atléticos mientras rema hacia una orilla lejana, y unos pantalones grises. Una suave brisa echa hacia atrás sus cabellos negros, apartándolos de la cara, y podemos vislumbrar su perfil derecho: el hombre está satisfecho y concentrado en su viaje. Para enlazar esta carta más profundamente con el elemento aire, hay un motivo de una libélula a los lados de la embarcación amarilla. Dentro de ella hay seis espadas de pie, con la punta hacia abajo, y dispuestas cuidadosamente delante de él. Las espadas no dañan a la barca; quizá estén tapando unos agujeros. Te indican que aunque lleves contigo tus problemas y tus preocupaciones, no tienes que agobiarte por ellos. El cielo azul y el horizonte claro muestran que es un buen momento para viajar.

Significado

Tradicionalmente cuando el Seis de Espadas aparece en una lectura, significa viajar por el agua. Hoy en día, indica movimiento y progreso de algún tipo. El consultante puede estar planeando un viaje por placer o por negocios. Esta carta señala que es un buen momento para el movimiento, el cambio y la experiencia que brinda el viaje. Presagia avance, mejora de la situación actual, un nuevo trabajo, una mudanza o, por supuesto, un viaje por placer. Disfrútalo: todo va a ir viento en popa.

PALABRAS CLAVE: viaje por agua. Movimiento, un nuevo trabajo. Mudarse de casa. Viajar por placer. Progreso. Mejora. Travesía viento en popa.

INVERTIDA: mejora de corta duración. Dificultades en tus progresos. Retrasos o complicaciones en tu viaje.

SIETE DE ESPADAS

SIETE DE ESPADAS

Un hombre acarrea cinco espadas con una mueca satisfecha en el rostro. Ha dejado atrás otras dos espadas más pero está muy contento con el botín que ha logrado. Su túnica es amarilla dorada, con un motivo de una pluma aérea en la parte baja. En su cuello puede verse un medallón con el pentáculo hacia arriba. Parece muy satisfecho consigo mismo y con las cinco espadas que lleva, y está casi riéndose. Ha utilizado su perspicacia, su confianza y su inteligencia para llevarse su premio y evitar cualquier oposición. Al fondo vemos pasar nubes de tormenta alejándose y hay tiendas coloridas y festivas, quizá de una feria. Sus estandartes se agitan con la brisa mientras la tormenta y el hombre astuto abandonan el lugar. Todas las habilidades vinculadas con el elemento aire y el palo de espadas, como la inteligencia, la astucia y la premonición, están representadas en esta carta.

Significado

Cuando el Siete de Espadas hace su aparición en una lectura, es un aviso para emplear nuevos esquemas o tácticas. Es el momento de ser listo y creativo. Esta carta se refiere a una persona lista, ingeniosa que evita la confrontación o huye de ella. Al hacerlo, astutamente le corta las alas al enemigo. Lo mira todo desde otro punto de vista. Aporta soluciones nuevas a los mismos problemas de siempre. Atrévete a pensar de una forma original, a salirte de los moldes, y experimentarás la victoria y un gran progreso.

PALABRAS CLAVE: nuevos esquemas, nuevas soluciones. Pensar de forma original. Confiar en tu perspicacia. Victoria parcial, evasión, astucia, premonición.

INVERTIDA: permitir que el miedo te detenga. No aprovechar las oportunidades. Comportamiento tímido.

OCHO DE ESPADAS

OCHO DE ESPADAS

Una mujer vestida con una túnica malva está atada y tiene los ojos vendados. La brisa agita las cintas de la venda y levanta su pelo castaño, despejando su cara. A su alrededor, clavadas en la hierba en diversos puntos formando un círculo abierto, hay ocho espadas. Al fondo vemos un río y la figura de un castillo rodeado de brumas. El río representa el fluir de las emociones mientras que el castillo cubierto de niebla representa las metas que parecen difíciles de alcanzar. Alrededor de las espadas y en la hierba florece la belladona, que en el encantador lenguaje de las flores simboliza pensamientos falsos y oscuros. La mujer de esta carta podría atravesar el círculo de espadas y salir de allí (realmente tiene opciones), pero el miedo la domina. Parece inmovilizada, y sus pensamientos falsos y oscuros, o su imaginación desbordada, han hecho que las cosas parezcan peores de lo que de verdad son. Los cielos sobre ella muestran que el sol está saliendo, y la luz rosada del amanecer empieza a aclarar la bruma. Debería arrancarse la venda, dejar a un lado sus aparentes restricciones y enfrentarse al nuevo día.

Significado

Cuando aparece esta carta en una lectura, nos habla de limitación, de sentirse atrapado y abatido en esos momentos. Sin embargo, si uno dejara de hacer un drama de todo y de compadecerse a sí mismo y se quitara esa venda emocional, encontraría una salida. Las cosas no son tan negativas como parecen. La felicidad es posible, el sol está saliendo y pueden surgir nuevas oportunidades. Esta carta también representa a una bruja que le tiene miedo al ritual o a su propia iniciación. Piensa en el desafío que tradicionalmente se proponía a la mayoría de los iniciados, con los ojos vendados: «Es mejor arrojarse contra esta espada que entrar en el círculo con miedo en el corazón. ¿Cómo entras?». Tenían que responder sin miedo o se les negaba la entrada en la asamblea de brujas. ¿Qué puedes aprender de esta carta? Vuelve a leer la descripción de su significado, y encuentra tus respuestas. En la magia no hay lugar para el miedo.

PALABRAS CLAVE: restricción, sentirse atrapado. Reaccionar exageradamente ante una situación. Las cosas no son tan negativas como parecen; puedes encontrarle una salida a tu problema. Miedo a la iniciación o al ritual.

INVERTIDA: sentirse completamente indefenso, agobiado. Depresión leve. Salir de la reunión de brujas por miedo a lo desconocido.

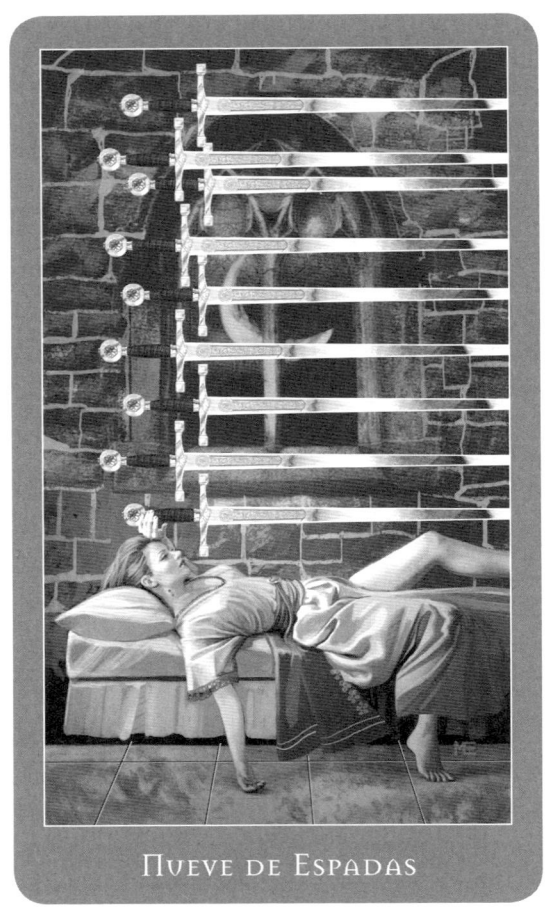

Nueve de Espadas

Nueve de Espadas

Es de noche y una mujer vestida con un camisón yace rendida en su alcoba en una pose dramática. Tiene el revés de la mano apoyado en la frente, ha caído desvanecida por un agotamiento emocional o físico, y su otra mano cae lacia en el suelo. Es evidente que está abrumada. Su largo pelo cae sobre la almohada, revelando la marca de una mordedura en el cuello: dos heridas punzantes como las de un vampiro. La luna menguante ilumina la ventana gótica, sobre la que hay nueve espadas colocadas formando una especie de jaula y tapando la vista. Las prímulas amarillas bordadas en la colcha de la cama simbolizan tristeza. Quizá la mujer esté intentando alcanzar la empuñadura de la espada que está más abajo... Puede que por fin esté preparada para defenderse, liberarse y acabar de una vez con el drama. O tal vez necesite seguir recreándose un poco más en la autocompasión.

Significado

Esta es la carta de «la víctima». Cuando aparece en una lectura, simboliza a alguien que está siempre atravesando una crisis o causando problemas en la dinámica de una asamblea de brujas o en una situación social. Puede ser un vampiro emocional o psíquico, o quizá ella misma sea la víctima de un ataque de este tipo. Como es la carta número nueve del palo, también te indica que estás cerca de la resolución del problema. Las cosas han llegado a su punto álgido y ahora deberían empezar a estabilizarse, siempre y cuando no hagas un drama de ellas. Decide tomar la espada, tener iniciativa, y defenderte a ti mismo y a tus energías personales. Asimismo, puede representar las repercusiones kármicas de una decisión equivocada o de un acto mágico manipulativo. Esta carta muestra a la perfección los efectos de un conjuro dañino que vuelven por triplicado a quien lo lanza.

Palabras clave: carta de «la víctima». Vampiro o víctima psíquico o emocional. Los efectos de un conjuro dañino que vuelven por triplicado a quien lo lanza.

Invertida: sospecha, miedo, ansiedad. Fantasía mórbida, comportamiento cruel. Vampiro psíquico, impenitente, no bienvenido.

DIEZ DE ESPADAS

DIEZ DE ESPADAS

El cuerpo de un hombre yace bocabajo sobre la hierba, con diez espadas clavadas en la espalda y en la cabeza. Tiene el pelo castaño y lleva una túnica gris. Tras él el sol se está ocultando, y posado en las ramas nudosas y torcidas de un árbol un búho de brillantes ojos amarillos vigila el cadáver. El ave, una criatura del elemento aire, es un símbolo clásico de la magia, el misterio y la sabiduría interior. El paisaje del fondo es ominoso, oscuro y amenazador. Hay tantas espadas clavadas en el hombre que el crimen debe haber sido cometido por un grupo. La ausencia de sangre en la carta nos recuerda que se trata de un acto simbólico, no literal. El hombre representado aquí confió cuando no debía hacerlo o ignoró sus propios instintos, y ahora ha pagado el precio al ser traicionado reiteradamente. Una planta solitaria de acónito morado en flor crece cerca del cadáver. En el lenguaje de las flores, el acónito te avisa de que hay un enemigo mortal cerca. Es evidente que este hombre no hizo caso al aviso de la planta ponzoñosa.

Significado

Cuando el Diez de Espadas aparece en una lectura, tienes que preguntarte: «¿Por qué no escuché a mi instinto?». Esta carta es una representación muy lúcida de lo que significa ser apuñalado por la espalda. Muestra la traición de una persona querida, un amigo o un miembro de tu grupo de brujas. Esto es lo que sucede cuando ignoras tu voz interior y tus corazonadas de que algo va mal. Por ignorar las señales de aviso y no prestarle atención a tu propio instinto de que se está preparando una tormenta, has pagado un alto precio. Esta carta también puede simbolizar una relación con un grupo tóxico de gente, en un ambiente en el que no te valoran sino que más bien te hacen sentir como un intruso. Si tus instintos te advierten de que ese no es tu sitio, tienes que ser inteligente, como el búho, y salir volando de ese grupo y de toda su negatividad.

Palabras clave: una asamblea de brujas en la que no te sientes aceptado o apreciado. Un grupo tóxico de gente. Traición, puñaladas en la espalda, ignorar tus instintos.

Invertida: alguien te daña físicamente. Un grupo de gente negativa o inmoral. Convertirte injustamente en el chivo expiatorio.

Paje de Espadas

Paje de Espadas

Hay un adolescente alto y delgado en una llanura verde. Sopla una fuerte brisa que agita el halcón de metal que lleva colgado al cuello como talismán. El Paje de Espadas alza sin dificultad una espada con las dos manos. Se está poniendo a prueba para cuando llegue el momento y repasando intensamente la situación. ¿Atacará y se defenderá o bajará la espada? Podría ocurrir cualquier cosa, ya que por un lado parece avisarte y por el otro, al mismo tiempo, estar mentalizándose para una posible lucha. Su camisa es de un suave gris oscuro, con ribetes amarillos y halcones de color azul pálido bordados en las mangas. Este tradicional escudo de armas señala que es impaciente y que no se detendrá hasta alcanzar sus objetivos. Tras él se abren cielos azules y hay nubes, blancas y esponjosas, indicadoras de buen tiempo. En la lejanía, a la altura del horizonte, se ven unas montañas. En esta carta de la corte, el elemento aire está emparejado con el carácter apasionado y las reacciones rápidas y caprichosas del joven. Nadie sabe si será capaz de dominar su genio y reaccionar adecuadamente.

Significado

Cuando aparece esta carta en una lectura, significa que tienes que pensar rápidamente y actuar con decisión pero manteniendo la calma. Has de mantenerte alerta y preparado para posibles problemas o conflictos, pero deberías usar la inteligencia, no la fuerza bruta. Tienes capacidad para acabar en seguida con las incoherencias y con los pequeños conflictos, actuando con rapidez o con unas pocas palabras bien elegidas. Esta carta puede representar físicamente a una persona activa, joven, con el pelo castaño y los ojos verdes o marrones claros. El halcón simboliza los mensajes, y cuando aparece en tu vida, constituye siempre un signo de la deidad para que prestes atención a lo que está sucediendo a tu alrededor.

El mensaje del Paje de Espadas es que en estos momentos necesitas cautela, inteligencia y prudencia. Inténtalo con el tacto antes de atacar a tu oponente.

PALABRAS CLAVE: vigilancia, cautela. Estar preparado para un posible problema. Solucionar los pequeños conflictos con unas pocas palabras bien elegidas. Un joven apasionado e inteligente.

ELEMENTOS ASOCIADOS: aire y tierra. El aire es el elemento natural al que está vinculado el palo de espadas, mientras que los cuatro pajes representan al elemento práctico tierra.

INVERTIDA: tensión, acciones precipitadas. Usar la fuerza física cuando es innecesario.

CABALLERO DE ESPADAS

CABALLERO DE ESPADAS

El joven y apuesto Caballero de Espadas y su caballo de guerra están entrando en batalla. El caballero alza la espada con la mano derecha mientras se dispone confiado al ataque. Con la mano izquierda sostiene ligeramente las riendas de su poderoso caballo frisiano. Tiene todo el control y está en su mejor momento. Es un guerrero peligroso, excelente y osado. Tiene la visera del casco alzada para poder ver sin impedimentos lo que se acerca. Su capa ondea tras él y su gastada armadura es de plata oscura con reflejos azulados. La capa, la brida y los aderezos de su caballo son de color amarillo y llevan el patrón heráldico de un halcón, que simboliza el ímpetu y la emoción de la caza. Los colores y el escudo de armas muestran claramente la unión del caballero con el elemento aire. Al fondo, vemos nubes de tormenta precipitándose sobre la llanura. El Caballero de Espadas tiene que ver con el coraje, el impulso, la sagacidad, la valentía y el servicio. El elemento aire refuerza su imagen veloz; su fuerza y su rápido avance resultan evidentes. Es un individuo sin miedo, y sus ideales y creencias le impulsan hacia delante, en una lucha por aquello en lo que cree. Este caballero representa las mejores cualidades del palo de espadas: equilibrio, energía, inteligencia e impulso, además de responsabilidad.

Significado

Si tuviéramos que resumir esta carta de la corte en dos palabras, serían «sin miedo». Cuando aparece en una lectura, es señal de entusiasmo, movimiento y aventura. Es necesario actuar, y ha llegado el momento de que te lances y seas el héroe. Esta carta representa a un joven apasionado y lleno de entusiasmo con el pelo castaño y los ojos grises o marrón claro. Se trata de un individuo que en medio de una crisis es inteligente y capaz. Es sagaz y dinámico, y posee un ingenio extremadamente agudo. Esta es la carta del soldado y el guerrero. El Caballero de Espadas entrará rugiendo en tu vida y te traerá descubrimiento, comunicación, nuevas ideas y cambio.

El desafío que te propone el Caballero de Espadas es luchar por ti y por aquello en lo que crees. Los vientos del movimiento rápido y la transformación están soplando en tu vida: agárrate bien y disfruta del viaje.

PALABRAS CLAVE: sin miedo. Valentía, impulso. Un cambio y un progreso rápidos. Un hombre inteligente, valiente y capaz. Levántate y defiende tu posición.

ELEMENTOS ASOCIADOS: aire y fuego. El aire es el elemento natural vinculado con las espadas, mientras que los cuatro caballeros se relacionan con el elemento energético del fuego.

ASOCIACIÓN ASTROLÓGICA: Géminis.

INVERTIDA: Conflicto, agresión inapropiada, no hay progreso.

Reina de Espadas

Reina de Espadas

En lo alto de una alta montaña permanece sentada la bella Reina de Espadas, mientras el viento arrastra blancas nubes esponjosas y resplandecientes. Su trono es firme y al mismo tiempo elegante, con aves cantoras grabadas en los brazos y en todo el diseño. El viento despeina sus largos cabellos castaños, echándolos hacia atrás y dejando al descubierto su pensativo rostro. Tiene ojos de un color gris ahumado y una expresión seria, como si estuviera haciendo planes o planteándose cuáles son sus mejores opciones. En la mano derecha sostiene una espada preciosa y brillante, y con la izquierda parece estar llamando a alguien. Viste una túnica blanca con detalles en azul. Un manto de color celeste con ribete de flores blancas le cae suelto sobre los hombros y la espalda. Su corona tiene picos afilados y espectaculares con incrustaciones de topacios amarillos, piedras preciosas que la animan a alcanzar sus metas personales. Viste un gran collar de topacios azules alrededor de la garganta, que evocan la verdad y la sabiduría.

En su regazo hay un pequeño ramo de hierbas fragantes asociadas con el elemento aire. Sostiene un manojo de lavanda, que es protectora, y de lila del valle, que en el lenguaje de las flores significa volver a la felicidad. Tras el trono hay una urraca azul, y otra más en el suelo, cerca de ella. La urraca azul nos recuerda que debemos recurrir a nuestro propio sentido de la soberanía: desarrollar nuestros propios talentos, no tener miedo y practicar lo que predicamos con integridad, justo como lo hace la Reina de Espadas. El hada alada que revolotea a su lado es una sílfide, una criatura elemental del aire, y parece estar atendiéndola.

Significado

La Reina de Espadas es una mujer de cabellos castaños y ojos claros o marrones claros. Es inteligente e ingeniosa, irónica y mordaz. Cuando esta carta aparece en una lectura, puede anunciar que tienes que prestar atención a tus propios instintos e intuición. Están surgiendo nuevas ideas, puede que sea el momento de intentar algo novedoso. Esta carta representa, clásicamente, a una mujer del signo de aire, con vocación profesional, sincera, centrada y con éxito en cualquier cosa que se proponga. Puede ser sarcástica en ocasiones, es inteligente, contundente y decidida. Gobernará su hogar y su familia con la misma implacable organización que aplica a su carrera. Sus destrezas comunicativas son excelentes; puede ser erudita, escritora o conferenciante. Aunque a los hombres les atrae por su aspecto físico, suelen apartarse de ella cuando descubren lo inteligente y sincera que es. No tiene tiempo para la falsedad o la ignorancia. La Reina de Espadas puede representar a una mujer que tarda en confiar en los demás, especialmente en las relaciones, y que prefiere valerse por sí misma. Escuchará primero a su cabeza y luego se planteará con lógica las opciones que tiene, antes de confiar en su corazón.

El mensaje de la Reina de Espadas es el siguiente: defiende tu independencia, válete por ti mismo, sigue tu intuición e intenta algo nuevo.

Palabras clave: una mujer del signo de aire. Sabiduría, independencia, intuición, asertividad. Desarrollo personal. Predicar con el ejemplo.

Elementos asociados: aire y agua. El aire es el elemento natural al que está vinculado el palo de espadas, mientras que las cuatro reinas están ligadas al elemento emocional agua.

Asociación astrológica: Libra.

Invertida: una mujer que se ha cerrado a sus sentimientos y ha alzado un muro entre ella y los demás. Aislamiento, chismorreo. Una mujer vengativa.

REY DE ESPADAS

REY DE ESPADAS

El Rey de Espadas es un hombre atractivo de mediana edad con el pelo castaño, bigote y barba. Sus ojos son oscuros y despiertos, y tiene una expresión seria y pensativa, como si estuviera planteándose seriamente algún asunto. Permanece sentado en un trono con halcones grabados en un diseño entrelazado. Tras el trono podemos ver árboles verdes, un cielo azul y montañas desoladas. El Rey de Espadas lleva una corona de conocimiento dorada y puntiaguda con piedras de topacio mágico incrustadas. Los topacios traen la verdad y el perdón y ayudan a iluminar tu senda. Su armadura es elegante y muy gastada, como corresponde a un monarca. Este rey anuncia su vinculación con el elemento aire mediante una túnica amarilla y una capa dorada con ribete de plumas. En la mano derecha sostiene la espada de la verdad, y la luz del sol reluce en ella. Está sentado en el trono, prestando atención, y nos da la impresión de que, en caso necesario, se moverá rápida y decisivamente para actuar. En la otra mano enguantada tiene un halcón peregrino encapuchado, posado suavemente sobre ella y esperando con tranquilidad el momento de salir a cazar. El halcón simboliza la rapidez, la precisión y la astucia, y nos anima a estar preparados para actuar en el momento oportuno a fin de obtener el mayor beneficio.

Significado

El Rey de Espadas es una figura autoritaria. Cuando aparece en una lectura, sé consciente de que tus acciones podrán ponerse en tela de juicio. Esta es la carta de los gobernadores, líderes y administradores de justicia. Está vinculado con El Emperador y La Justicia, ya que el propio Rey de Espadas tiene que ver con dirimir lo que es correcto y lo que no lo es, y también con la integridad personal y el honor. Esta carta te hace cuestionarte serenamente la sabiduría de tus decisiones personales y te anuncia que ha llegado el momento de transformar tu conocimiento en acción. Este hombre ve el mundo en blanco y negro; para él no hay sombras de gris. Tiene éxito, es inteligente, reservado y algo intelectual. Tiene buena cabeza para los negocios y podría ser miembro de las fuerzas armadas, guardia de seguridad, detective, o agente de policía. El Rey de Espadas también representa a un hombre maduro con el pelo castaño y los ojos oscuros que valora su integridad por encima de todo. Confía especialmente en su sentido común y cree solo en lo que puede probarse. Como los mejores soberanos de antaño, es un líder sabio y justo que juzga porque debe hacerlo y que está listo para defender su reino si la situación lo requiriera.

La lección del Rey de Espadas es transformar tu conocimiento en acción mientras sigues siendo honrado y justo.

Palabras clave: un hombre del signo de aire. Autoridad, un líder justo, juicio. Justicia, razón, lógica, verdad. Ética, honor, transformando con presteza el conocimiento en acción.

Elementos asociados: aire y aire. El aire es el elemento natural relacionado con el palo de espadas; asimismo, los cuatro reyes están asociados con este elemento, sabio y racional.

Asociación astrológica: Acuario.

Invertida: alguien crítico y arrogante. Un hombre dominante, cruel. Un individuo peligroso.

Bastos

Los bastos significan el deseo de crecimiento, la inspiración
que mueve las cosas, el deseo que guía el camino…

MARY K. GREER

Esta baraja se basa en el tarot Rider-Waite-Smith, que
vincula el palo de bastos con el fuego y con todas las asociaciones mágicas que derivan de este elemento. Los bastos
tienen que ver con el entusiasmo, la confianza y la ambición.
En el Tarot de las Brujas, el basto en sí es una rama florecida
de espino adornada con cintas rojas. El espino es un árbol
mágico que está asociado al elemento fuego, y esa es la razón
por la cual se eligió para este palo. Las flores de espino se usan
en los encantamientos de protección o de fertilidad.

El espino, a veces llamado «abrojo», es parte de la trinidad mágica de los árboles de las hadas. El roble, el fresno y el
espino forman esa tríada. En el lenguaje floral, las fragrantes
flores de espino simbolizan la esperanza. Las cartas de bastos
ilustran un camino a la comprensión por medio de la acción
física, el movimiento y el optimismo. Ilustran el poder de
la aventura, la pasión y el entusiasmo, el deseo de crear. Por

último, este palo con frecuencia se asocia con la carrera y los negocios. Se corresponde con los nacidos bajo un signo zodiacal arisco: Aries, Leo y Sagitario. Físicamente representa a gente de piel muy blanca, de cabello rubio claro o pelirrojo y de ojos claros, azules o verdes.

Los individuos que se sienten atraídos por el palo de bastos suelen ser atléticos, entusiastas, carismáticos y extrovertidos; con sus acciones van abriendo el camino. Son los luchadores y los innovadores del mundo.

As de Bastos

As de Bastos

Está amaneciendo y vemos una rama florecida de espino plantada firmemente en la verde colina. La rama recuerda ligeramente al palo de la cucaña, con sus cintas de un rojo vivo entrelazadas y el extremo de estas agitándose con la brisa. Según la tradición, el espino era precisamente el árbol que se usaba para hacer la cucaña. Tras la rama hay verdes montañas onduladas y un castillo con torreones sobre una colina, que representa la recompensa que te aguarda cuando tu búsqueda de conocimiento y progreso haya concluido. El espino se asocia al elemento fuego, y por eso es apropiado que represente a los bastos en este Tarot de las Brujas. Las flores del espino que brotan en esta vara representan ideas que emergen en nuestras mentes. En el lenguaje floral, la flor del espino simboliza la esperanza. Una mariposa de un rojo intenso revolotea a un lado de la vara, como símbolo de la transformación, la regeneración y la alegría. Va a ser un día precioso y muy prometedor.

Significado

El As de Bastos es la forma más poderosa y pura del elemento masculino fuego. Esta carta muestra el fuego creativo, o la energía, que no se puede contener y que ahora está surgiendo en forma de brote. Ayuda a revelar la senda creativa o profesional en la que te encuentras. Tu duro trabajo está transformando tus ideas en una realidad próspera. Esta es una carta de buen augurio si el consultante se está planteando un nuevo trabajo o está pendiente de un ascenso. El As de Bastos simboliza poder, un nuevo principio, un nacimiento, éxito, una nueva casa o trabajo, una promoción, ambición, pasión, entusiasmo y crecimiento.

Palabras clave: creatividad, valor, optimismo. Ambición, carrera y negocios, comienzos positivos, un nacimiento, transformación o una nueva casa. Tu esfuerzo está haciendo que tus ideas se transformen en una realidad próspera. El elemento fuego.

Invertida: decepción. No ser capaz de ver la felicidad que está justo delante de tu nariz. Falta de dirección y de claridad de objetivos. Energía y talentos mágicos agotados.

Dos de Bastos

Dos de Bastos

Un hombre de cabello castaño rojizo está contemplando el agua al atardecer. Lleva un abrigo dorado ribeteado en piel y una capa de color bermellón. Se trata de una persona rica y próspera. Permanece frente a un muro de piedra que le llega a la altura de la cintura. En la mano izquierda lleva una vara florecida de espino. A la derecha hay una segunda vara apoyada en vertical sobre un muro de piedra. Parece que el hombre sostiene el mundo en la palma de su mano derecha; sin embargo, sigue mirando a lo lejos, como si estuviera buscando algo más. ¿Se siente atrapado por sus decisiones? En la distancia vemos dos barcos en el mar y montañas en el horizonte. Los barcos y el mar simbolizan las esperanzas y los sueños del hombre para el futuro. Se está preparando para un cambio favorable. En el borde del muro de piedra hay un gato de tres colores sentado cómodamente junto al hombre como si contemplara esos barcos con él. Se cree que estos felinos dan buena suerte y que sus colores representan a la Triple Diosa. El gato de tres colores es el aliado y amigo de este hombre, así como un símbolo de la orientación de un mentor, el apoyo y el consejo amistoso que le guiarán para alcanzar el éxito.

Significado

Esta carta representa un éxito parcial. Aunque la gente pueda pensar que tienes el mundo en la palma de la mano, quizá tú aún no tengas muy claro cuáles van a ser tus próximos pasos. Estas circunstancias se producen cuando un ascenso o un avance inesperados en tu carrera hacen que te sientas inseguro sobre lo que vas a hacer después. Experimentas un éxito parcial, y puede que sientas que estás en el punto intermedio de la ruta hacia tus metas. Tienes que elegir y tomar decisiones importantes. Pero mira alrededor: cuentas con la ayuda, el apoyo y los buenos consejos de un mentor. Escúchalos y disfruta este nuevo negocio u oportunidad de empleo. Por último, esta carta puede simbolizar una alianza empresarial con buenos resultados.

Palabras clave: preparación para un cambio favorable. Éxito parcial. Buen consejo de un mentor. Alianza empresarial con excelentes resultados.

Invertida: posible retraso, promesas incumplidas. Indecisión, desencanto.

TRES DE BASTOS

TRES DE BASTOS

Un hombre de cabellos castaños contempla el mar y el horizonte desde lo alto de un acantilado. Su elevado y estratégico punto de vista le permite ver el panorama general. En la mano izquierda sostiene una rama de espino florecida y decorada con lazos. Justo a su espalda hay otras dos ramas altas

179

plantadas en el suelo como para ofrecerle apoyo. El hombre tiene una cinta alrededor de la frente para que el pelo no le tape los ojos y poder mantener así una visión clara del futuro. Lleva una túnica naranja y una exuberante capa roja; estos colores fuertes conectan visualmente con el elemento fuego, que corresponde al palo de bastos. El joven otea el mar sereno, por el que navegan dos navíos en la distancia, como si estuviera aguardando a que llegaran sus barcos. Quizá espere para abordar una de esas naves y embarcarse a la aventura de explorar lo desconocido. Mira y espera afanosamente, y deja que los acontecimientos se desarrollen. Esta es una carta emocionante y está llena de posibilidades y éxito inminente. El cielo brillante y el mar sereno que ilustran el Tres de Bastos muestran que es una carta optimista y que el futuro es prometedor.

Significado

Cuando el Tres de Bastos aparece en una lectura, representa un tiempo de esperanza. El consultante puede estar esperando noticias acerca de un proyecto o una propuesta. El tema general de esta carta es el optimismo y la espera activa. Muestra el comienzo de un proyecto y la esperanza que viene de hacer planes para una nueva carrera o vida. Recuerda que todo permanece siempre en movimiento: nada está quieto, y el cambio es constante. El Tres de Bastos suele representar a la persona que recibe la lectura. También se puede interpretar como un pequeño empujón para que tomes una postura de liderazgo en el trabajo o en la reunión de brujas. Este es un tiempo de expansión y crecimiento. Sé como la figura del Tres de Bastos: mantente vigilante y deja que los acontecimientos se desarrollen. Hay una razón para ser optimista y tener esperanza: el futuro se presenta prometedor.

PALABRAS CLAVE: espera activa. Todo está en continuo movimiento. Expansión, crecimiento. Tomar el papel de líder. No perder de vista los objetivos. El futuro se presenta prometedor.

INVERTIDA: expectativas poco realistas. Conflictos con los compañeros de trabajo. Posturas espirituales que chocan con las de los demás miembros de la asamblea de brujas.

Cvatro de Bastos

Cvatro de Bastos

Hay cuatro varas de espino, grandes y altas, plantadas en la verde hierba formando un gran cuadrado. La brisa agita las largas cintas rojas que penden de ellas. Hay una exuberante y bella guirnalda de flores extendida sobre las cuatro varas, creando una especie de emparrado. Cuatro mujeres, que representan a los cuatro elementos, bailan bajo el emparrado. Todas llevan un ramo de flores. La vinculada con el fuego es pelirroja y viste una túnica de color amarillo intenso, como una llama. Lleva un ramo de flores rojas que simbolizan la pasión y la energía. La segunda bailarina, que representa el elemento agua, es rubia y viste una túnica real azul. Porta un ramo de rosas blancas, como símbolo de las emociones amorosas. La tercera dama, que representa al elemento aire, tiene el pelo castaño oscuro, viste una túnica de color azafrán y sujeta un ramillete de rosas amarillas. Sus rosas, del color de la luz del sol, simbolizan la amistad y la felicidad. La cuarta mujer, que tiene el pelo castaño dorado y viste una túnica verde, representa el elemento tierra. Lleva un sencillo ramo de hojas y margaritas, que significan crecimiento y cariño. Todas las flores de la guirnalda suspendida sobre las bailarinas elementales se corresponden con el elemento fuego. El girasol trae fama y éxito; la caléndula, el afecto y el sol, y los claveles rojos, fascinación, sanación y amor. Al fondo el cielo es de un amarillo soleado al amanecer, y puede verse un castillo, que representa seguridad y metas que se consiguen. Un gato blanco y naranja está sentado solemnemente en primer plano, como un centinela, en la base de una de las varas. Los gatos están unidos al elemento fuego, y este pequeño felino parece ser el encargado de vigilar el acto.

Significado

Cuando el Cuatro de Bastos baila en una lectura, ¡prepárate para la fiesta! Esta carta indica celebraciones como fiestas de cumpleaños, una graduación, un aniversario, un sabbat o una despedida de soltera. Puede tratarse de una celebración con la familia o con una asamblea de brujas. El

Cuatro de Bastos suele interpretarse como una carta de fertilidad, lo que la conecta con el sabbat de Beltane. Anuncia un tiempo de compartir alegría y diversión con los demás. Puede representar también un tiempo de creatividad y libertad de expresión.

Palabras clave: celebración, regocijarse por una circunstancia feliz. Libertad, fiestas, despedidas de soltera, celebraciones de sabbat. Fertilidad, creatividad, libertad de expresión.

Invertida: incluso cuando está invertida sigue manteniendo su mensaje positivo, solo que ahora la celebración es una gran sorpresa. De todas formas, aunque ya lo sepas, ¡trata de fingir que te han sorprendido!

CINCO DE BASTOS

CINCO DE BASTOS

Cinco imponentes dragones se están lanzando a la batalla a través de las nubes. Cada uno de los jinetes que los montan lleva una vara florecida de espino. Un dragón es morado, para representar el espíritu; otro azul, en representación del agua; otro verde, por la tierra; otro más verde y dorado, por el aire, y por último otro rojo brillante, por el elemento fuego. Los dragones tienen la reputación de ser fieros y feroces, pero también sabios y mágicos, todo al mismo tiempo. La apariencia, muy distinta, de cada uno de los jinetes ofrece una pista del verdadero significado de esta carta. Tres de ellos llevan armadura y parecen muy vehementes, con posturas agresivas, mientras que los otros dos parecen volar con más calma, como si vinieran a ver a qué se debe todo el alboroto. Esto nos muestra un choque entre personalidades y una escaramuza.

Significado

Cuando el Cinco de Bastos aparece en tu lectura, te muestra que hay pequeñas molestias y disputas con las que te ves obligado a lidiar. Todos tienen una opinión distinta y quieren que se los escuche. Esta carta simboliza las riñas entre miembros de una asamblea de brujas, amigos o compañeros de trabajo. Te indica que te esperan dificultades y que tendrás que ser muy claro a la hora de explicarle tus objetivos y deseos a los demás. Puede haber pequeños problemas en el trabajo o una sana competitividad. Ármate de valor y esfuérzate un poco por resolver tus problemas, y verás resultados positivos.

PALABRAS CLAVE: competición, conflicto, desacuerdos, desafíos. Pequeños altercados en el trabajo o en la reunión de brujas. Esfuérzate un poco para resolver tus problemas y tendrás resultados positivos.

INVERTIDA: rivalidad, interrupción de tus planes. Graves choques de personalidades y envidias en tu asamblea de brujas. Conflicto serio en tu lugar de trabajo. Juegos de poder.

SEÍS DE BASTOS

SEÍS DE BASTOS

Un orgulloso guerrero regresa triunfante de la batalla. Al fondo, tras el jinete pueden verse otras cinco varas, como si las llevara una multitud que el caballero va dejando atrás a su paso. En el fondo el cielo es azul, y un sol brillante resplandece sobre el jinete y el caballo. El guerrero está cansado pero parece contento de volver a casa Viste una armadura dorada, que denota su estatus, y una túnica de color rojo fuego con un bordado de nudos dorados que representa a los dragones, la criatura elemental del fuego, entrelazados unos con otros como símbolo del ciclo interminable de la naturaleza y la vida. La capa roja y ondeante del hombre tiene unos nudos dorados en el ribete y cuelga sobre el lomo de su caballo pardo. La capa de desfile del caballo es también de un rojo brillante y lleva estampado el motivo a juego de un dragón. Estos colores vibrantes y fieros de la armadura, la túnica y la capa del guerrero indican orgullo y logros. El soldado sostiene en la mano derecha una larga vara de espino florecido; unido a ella con una cinta roja hay una corona de laurel verde que simboliza su regreso triunfante. Tradicionalmente la corona de laurel es un símbolo del favor de Dios. En el lenguaje de las flores, anuncia una hazaña. Los dragones, naturalmente, están asociados al elemento fuego. El que aparece representado en esta carta es simbólico. Los dragones fueron populares en los escudos de armas, ya que están vinculados con el coraje, el liderazgo y la superación de los obstáculos.

Significado

Esta es una carta de la victoria que simboliza logros, conocimiento, elogios, éxito, consecución de un objetivo y premios bien merecidos tras el duro esfuerzo. Puedes superar cualquier obstáculo si te esfuerzas. También nos recuerda que debemos ser pacientes. Tal vez sean momentos duros, pero podrás superarlos y saldrás victorioso si sigues intentándolo.

PALABRAS CLAVE: victoria, logro. Reconocimiento de una labor bien hecha. Felicitaciones y éxito. Consecución de un objetivo tras mucho esfuerzo.

INVERTIDA: retraso en un proyecto. El éxito no llega. No se reconoce tu esfuerzo. Estar bloqueado en algún aspecto de tu vida.

Siete de Bastos

Siete de Bastos

Un joven ágil y atlético sostiene frente a su pecho una vara de espino florecido. Tras él hay acantilados que representan lo desconocido, pero el cielo se está iluminando y las nubes se han marchado. Esto ofrece una pista visual de que todo va a ir bien. El joven, que viste de amarillo dorado, naranja y rojo, para ayudar a establecer una conexión visual con el elemento fuego, está luchando. Ataca a las otras varas confiadamente, como si disfrutara el desafío. Es independiente, astuto y más que capaz de enfrentarse a cualquier reto que la vida le ponga por delante. Esta carta simboliza la adrenalina, el entusiasmo y la ambición. El joven no solo tiene la voluntad de triunfar, sino que también agradece la oportunidad de poner sus aptitudes mentales, físicas y mágicas a prueba.

Significado

Cuando el Siete de Bastos aparece en una lectura, es señal de que estás a punto de enfrentarte a un desafío y de que, además, probablemente disfrutarás haciéndolo. Puede ser un tipo de prueba personal, en la que aceptas el desafío solo por diversión y por ver hasta dónde pueden dar de sí tus aptitudes, sean mágicas o mundanas. En esta carta apreciamos el uso de los músculos, el autocontrol y la gracia de sus movimientos. Tu entusiasmo, ambición y talento te pueden servir de mucho. Esta carta aparece en una lectura para asegurarte que superarás los obstáculos y te elevarás por encima de ellos con elegancia, ingenio y humor.

Palabras clave: adrenalina, entusiasmo, ambición. Un desafío. Poner tus aptitudes a prueba. Superar obstáculos mágicos o mundanos con elegancia, ingenio y humor.
Invertida: falta de confianza, ansiedad, indecisión.

Ocho de Bastos

Ocho de Bastos

Ocho varas de espino florecidas adornadas con cintas rojas descienden de un bello cielo azul. En la distancia vemos un lago plateado, un valle verde y montañas. Hay un fuerte contraste entre la serenidad del fondo y las ocho varas que surgen velozmente ante nuestra vista. Las ocho varas están regresando a la tierra, por así decirlo. Esto puede indicar que muchas oportunidades creativas están cayendo en el sitio apropiado. Además, tu viaje está llegando a un final feliz; todo lo que esperabas está a punto de ocurrir y el éxito se encuentra al alcance de tu mano. La emoción, la actividad, el cambio y el movimiento son los mensajes que te ofrece el Ocho de Bastos, una de las pocas cartas de los Arcanos Menores en las que no aparecen personas, animales ni otras criaturas; todo lo que vemos es un paisaje y las ocho varas precipitándose hacia la tierra. Esta carta es básica y sencilla en el mejor de los sentidos, lo mismo que su significado. Señala movimiento y manifestación.

Significado

Cuando el Ocho de Bastos entra en una lectura, significa que los proyectos que una vez se retrasaron están llegando a una rápida conclusión. Esta es una carta positiva y excitante, llena de emoción y de acción. Los conjuros lanzados se manifestarán ahora felizmente. Con frecuencia indicará un viaje de negocios o de placer, habitualmente por aire. El Ocho de Bastos puede significar también comunicación a larga distancia entre socios de negocios. Este es el momento de ideas frescas y creatividad, y la acción rápida y decisiva está a la orden del día.

PALABRAS CLAVE: movimiento, acción. Proyectos que llegan a una rápida conclusión. La manifestación positiva de un encantamiento. Viajes de negocios o placer, especialmente por aire. Comunicación a larga distancia.

INVERTIDA: una situación en punto muerto. Hechizos que se quedan estancados. Problemas con viajes aéreos. Vuelos cancelados.

Nueve de Bastos

Nueve de Bastos

Una mujer de aspecto fuerte y decidido va vestida de rojo con un gran dragón heráldico bordado en el centro de su túnica. Alrededor de la garganta lleva un pentagrama de plata como amuleto de protección. Su pelo es de un color vino tinto oscuro y sostiene sin esfuerzo, en diagonal frente a su cuerpo, como si fuera una pica, una vara florecida de espino. Sus pantalones son recios, de color marrón, y sus botas, de piel. Bruja y guerrera a la vez, está preparada para defender su territorio. Detrás de ella, formando una especie de barrera, hay otras ocho varas plantadas en la verde hierba. Al fondo se puede ver la bella imagen del sol ocultándose tras las montañas y arrojando largas sombras sobre la hierba y las flores. El sol poniente simboliza que la prueba del guerrero está a punto de llegar a un final feliz, y que su diligencia ha valido la pena. En la base de las varas, florece aquí y allá la hierba de San Juan, vinculada al fuego y al sabbat de mediados del verano, y que además simboliza protección física y mágica.

Significado

Cuando aparece el Nueve de Bastos en una lectura, nos avisa de que estemos alerta ante algún problema, mala conducta, habladurías o magia nociva. Debes permanecer en una actitud vigilante para protegerte a ti mismo y a tu reputación profesional o mágica. Puede que tengas que defenderte, así que permanece alerta y en guardia. Brío, valentía y convicción son necesarios en este momento. Puede que sea necesario un trabajo de protección mágica. Quizá sientas que no tienes fuerzas para enfrentarte a más problemas, pero mantente firme y sé fuerte. Defiende tu territorio y tu reputación con habilidad y vigor. El palo de bastos tiene que ver con la creatividad y la ambición: puedes hacerlo. Establece unos límites, recurre a tus recursos internos y mantente firme.

PALABRAS CLAVE: brío, valentía, protección. Tienes que estar alerta a los problemas. Protégete a ti mismo y a tu reputación. Sé firme, permanece en guardia. Puede que se requiera un trabajo de protección mágica.

Invertida: paranoia, miedo al fracaso, falta de valor. Recurres a los demás para que te rescaten cuando en realidad deberías recurrir a ti primero.

DIEZ DE BASTOS

DIEZ DE BASTOS

Vemos a un hombre mayor que parece alejarse de nosotros viajando por una descuidada senda en dirección a un castillo. Lleva un fardo de diez varas florecidas de espino sobre el hombro izquierdo. Está ligeramente encorvado, como si la carga fuera más pesada de lo que puede sobrellevar. El hombre viste una bella capa roja de viaje con dragones entrelazados, las criaturas elementales del fuego, en un color naranja dorado a la espalda. No podemos verle la cara, pero parece que tiene la cabeza girada hacia el castillo, su objetivo principal. El castillo representa tradicionalmente la recompensa que te aguarda tras finalizar tu búsqueda de conocimiento y progreso. Pero no podemos evitar preguntarnos: ¿será capaz de llegar al final del camino con una carga tan pesada a sus espaldas? El cielo azul y las hermosas nubes nos muestran que su entorno no tiene nada que ver con el trance por el que está pasando; él mismo ha elegido acarrear esta carga de una sola vez y por sí solo.

Significado

Cuando el Diez de Bastos aparece en una lectura, es una advertencia de que estás ocupándote de muchas cosas al mismo tiempo. Tu rutina y actividades se han convertido en una carga con la que ya no puedes. Quizá disfrutes de encargarte de tantas cosas distintas y de tener una vida social activa, pero la verdad es que te sientes agobiado con las exigencias del trabajo, la familia o las de los miembros de tu reunión de brujas. La carga de diez varas de espino de esta carta en realidad representa tener una cantidad excesiva de algo positivo: aunque tus intenciones hayan sido nobles, hay una abundancia excesiva de energía creativa y tienes más frentes abiertos de los que puedes atender. Debes desprenderte de algo. Suelta algunas de esas varas para poder cumplir airosamente tu misión y tus objetivos. Aprende a delegar en el mundo de los negocios, en tu vida personal o en la asamblea de brujas, o tendrás problemas para alcanzar satisfactoriamente tus metas.

Palabras clave: muchos compromisos, falta de tiempo. Sentirse agobiado y llevando una carga muy pesada. Tienes que detenerte y escoger: ¿de qué puedes prescindir y qué es vital?

Invertida: carga psíquica, agotamiento físico. Opresión. Una carga que puede hundirte.

Paje de Bastos

Paje de Bastos

El joven Paje de Bastos está de viaje. Al fondo vemos montañas y un cielo azul brillante. Es un adolescente con el pelo rojo oscuro y ojos grises. Lleva ropas resistentes de viaje, una ligera túnica dorada y una capa de un rojo vivo. El elemento fuego viene representado por los colores cálidos de su ropa y por su colgante dorado. Alrededor del cuello lleva un gran medallón con la forma y los colores de un girasol. En la mano derecha porta, a modo de bastón, una vara florecida de espino con una cinta enrollada. La mano izquierda está levantada y ahuecada a cierta distancia de la cara, como si estuviera lanzando un grito. La expresión del muchacho no deja lugar a dudas de que está gritando con todas sus fuerzas. Es un mensajero y se toma su trabajo seriamente, le pone mucho empeño. El Paje de Bastos lleva entusiasmo y felicidad a dondequiera que vaya. Acompañándole en sus viajes, vemos un gato atigrado naranja, que corre alerta a su lado. Los gatos se asocian tradicionalmente al elemento fuego, y este sabio felino naranja es una compañía adecuada para nuestro paje mientras este viaja por el mundo y comparte sus buenas noticias. El girasol está vinculado con la magia solar, al éxito y la fama. Las matas de hiedra que crecen a cada lado del Paje de Bastos y su gato simbolizan la buena suerte y alejan la negatividad.

Significado

Esta es una carta de buenos augurios y alegría. Cuando el Paje de Bastos se anuncia en una lectura, prepárate para buenas noticias y momentos emocionantes. Normalmente estas noticias vendrán de una persona más joven. Presta atención a alguien joven, de pelo rubio. El Paje de Bastos puede estar anunciando una nueva oportunidad de trabajo o un ascenso, o bien el inminente nacimiento de un niño (especialmente si el As de Copas también aparece en la tirada). Espera una invitación o una oportunidad.

El Paje de Bastos te grita con ímpetu su mensaje: ha llegado el momento de que uses tu imaginación y tu determinación para alcanzar tus objetivos de éxito.

Palabras clave: empeño, mensajero. Espera noticias buenas y emocionantes pronto, por lo general de alguien más joven. Determinación e imaginación. Una invitación o una oportunidad.

Elementos asociados: fuego y tierra. El fuego es el elemento vinculado al palo de bastos, mientras que los cuatro pajes están asociados al elemento práctico tierra.

Invertida: habladurías en el trabajo. Rumores e indirectas. Malas noticias.

CABALLERO DE BASTOS

CABALLERO DE BASTOS

El caballero tiene una gran confianza en sí mismo y la moral muy alta, y viene en tu dirección. Viste una armadura dorada y monta un caballo blanco a todo galope. En la mano derecha sostiene una vara alta de espino florecida, y una cinta roja que sobresale de ella se agita con el viento. El casco del caballero lleva la visera subida para que podamos ver su rostro y unos mechones de sus cabellos rubios claros. No tiene miedo, su expresión es intensa y apasionada. El Caballero de Bastos viste en esta aventura una capa suelta de un rojo brillante, que se agita tras él. Al fondo vemos un bello cielo de verano al atardecer, un lago y tres picos de montañas.

El león heráldico que lleva en la túnica y en la capa de desfile del caballo simboliza la valentía y la fuerza. Este animal está tradicionalmente asociado con el fuego, y los colores rojo y dorado de la vestimenta del caballero son otro guiño al elemento del que extrae su pasión y su intrepidez. Esta carta es un símbolo de rapidez, aventura y acción.

Significado

Cuando el Caballero de Bastos entra atronando en tu vida, trae cambio, actividad emocionante y alborozo. Esta es la carta del movimiento: espera lo inesperado. Puede que te encuentres cambiando de trabajo o mudándote a una casa nueva. Tal vez se te presente una oportunidad para viajar. El viaje puede ser de negocios ya que el palo de bastos está frecuentemente relacionado con la carrera y el mundo laboral. Anuncia un tiempo de energía, decisiones osadas, acción y aventura. También puede referirse a un energético, fiero, testarudo y entusiasta joven con el pelo rubio y los ojos claros que está a punto de entrar en tu vida, de manera que presta atención.

El desafío del Caballero de Bastos es abrazar el cambio, aventurarse y disfrutar el viaje.

PALABRAS CLAVE: aventura, cambio, confianza, entusiasmo, pasión. Viaje de negocios. Tomar decisiones osadas. Movimiento. Un nuevo trabajo, una nueva casa.

ELEMENTOS ASOCIADOS: fuego y fuego. El fuego es el elemento natural con el que se relaciona el palo de bastos, mientras que los cuatro caballeros están asociados con el elemento energético del fuego.

ASOCIACIÓN ASTROLÓGICA: Sagitario.

INVERTIDA: apresuramiento, tomar riesgos peligrosos. Confusión, un proyecto interrumpido o descarrilado.

Reina de Bastos

Reina de Bastos

La Reina de Bastos se reclina en su trono estilizado de girasol. Tiene ojos de un azul claro y un brillante y rizado pelo rojo. Lleva una corona dorada con rubíes rojos. Esta reina encantadora y alegre sostiene en la mano derecha una vara alta de espino florecida, de la que cuelgan trozos de cinta roja. Está rodeada de una representación de llamas que enlazan visualmente con el fiero elemento del que logra sus poderes. Esta reina te atrae por la fuerza de su personalidad. Es la madre que brinda consuelo, la amiga generosa, la amante apasionada y la soberana capaz, sofisticada e inteligente, todo en una. La Reina de Bastos tiene una túnica de amarillo brillante, con el cuello cuadrado y un ribete rojo en la parte baja de las mangas, sueltas, en forma de campana. Alrededor de la garganta lleva un rico collar de oro y rubíes en forma de óvalo. Estas piedras preciosas, que también pueden verse en su corona, otorgan energía y pasión, dos cualidades que la fiera Reina de Bastos tiene en abundancia. En el brazo izquierdo descansa un pequeño ramo de girasoles naranja y amarillos, con centros de cálido marrón y tallos verdes, en el que pueden verse unas cuantas hojas en forma de corazón. En el lenguaje de las flores, el girasol anuncia confianza y vistosidad. En el uso mágico de las plantas se emplea el girasol en los hechizos para el éxito y la fama. En el regazo de la reina vemos su animal totémico, un mullido gato macho de color naranja, que es el centro de atención y parece estar a punto de echarse una siesta.

Significado

Cuando la Reina de Bastos aparece en una lectura, respira hondo. Ahora es cuando empieza la diversión. Esta carta es sinónimo de energía, entusiasmo y pasión. Con frecuencia simboliza a una mujer bella de ojos claros que ama su hogar, su familia y sus animales domésticos. Es algo insolente, divertida, cálida, cariñosa y traviesa. Es capaz de hacer infinidad de cosas a la vez y con frecuencia está involucrada en varios grupos o comités. Es intensa y apasionada pero con un buen sentido del humor. Resulta muy difícil hacerle perder los nervios, pero una vez que los pierde se transforma en una impresionante fuerza de la naturaleza. Esta carta señala a una mujer del signo de fuego, una bruja con un gran talento y una líder natural. La Reina de Bastos puede ser una Gran Sacerdotisa o una dirigente de la comunidad mágica.

El mensaje de la Reina de Bastos es el siguiente: hogar, familia, magia y carrera, puedes tenerlo todo. Simplemente deja que tu pasión por la vida y tu energía creativa y espiritual te llenen y te abran camino.

PALABRAS CLAVE: una mujer del signo de fuego. Una mujer que es generosa a la hora de proporcionar su afecto y tiene éxito en la familia, el hogar y la profesión. Una bruja de gran talento y líder natural de un grupo mágico. Capaz de hacer infinidad de cosas a la vez. Popular, abierta, divertida, encantadora, alegre y con clase.

ELEMENTOS ASOCIADOS: fuego y agua. El fuego es el elemento natural relacionado con el palo de bastos, mientras que las cuatro reinas están asociadas con el elemento emocional del agua.

ASOCIACIÓN ASTROLÓGICA: Aries.

INVERTIDA: terquedad, ira. Una mujer manipulativa. Hacer promesas y no cumplirlas. Un individuo que ama crear conflicto.

REY DE BASTOS

REY DE BASTOS

Un hombre atractivo de mediana edad con el pelo rojizo está sentado en un trono dorado. Sus ojos claros azules son directos y está sonriendo levemente. El Rey de Bastos se inclina hacia ti, lleno de entusiasmo, energía y generosidad. Está interesado en lo que puedas decirle y quiere ser parte de tus planes y de tus metas. Viste una túnica roja real con un león rampante dorado en el pecho. En la heráldica, el león representa realeza, valentía y poder.

Su capa es exquisita, como corresponde a un rey, y tiene el color de las llamas. Su corona es grande y dorada, con rubíes incrustados. En la magia con cristales estas piedras preciosas se usan para agudizar la mente e intensificar la percepción. Alrededor del pecho lleva un collar de cadena, también hecho de oro solar y engarzado con rubíes. En la mano derecha sostiene una alta vara de espino florecida, de la que cuelgan cintas rojas.

En el fondo el cielo es de un amarillo y rojo brillantes, como si el sol estuviera saliendo y mostrando todas las nuevas posibilidades del día que nace. Este rey gobierna con autoridad, pasión, honestidad, integridad y generosidad. Como puede verse claramente, tiene dificultades para permanecer en su trono dorado de león. Es un hombre activo, que se siente mejor cuando está resolviendo los problemas sobre la marcha y en medio de la acción.

Significado

Cuando el Rey de Bastos aparece en una lectura, préstale atención a un hombre rubio del signo de fuego. Es un hombre de negocios (un líder, un personaje importante) abierto, directo, encantador y seguro de sí mismo, que puede hacerlo todo: un «superpapá». Tiene éxito profesional, es el entrenador del equipo de fútbol de sus hijos y mantiene su matrimonio vivo, todo al mismo tiempo. Este hombre es más feliz cuando está involucrado en muchas actividades al mismo tiempo. Es fiel, apasionado y de confianza, aunque si se frustra o se enfada le cuesta mucho controlar sus nervios.

Esta carta también representa la expresión creativa y el hecho de defender las ideas y los sueños de los demás. Puedes descubrir que hay un inversor o un socio para tu futura empresa mucho más cerca de lo que crees o que tú mismo puedes ser el ardiente seguidor de otro. La creatividad y los talentos artísticos están en su momento cumbre.

La lección del Rey de Bastos es que la energía y el entusiasmo te ayudarán a alcanzar tus metas artísticas y creativas. Sé generoso y comprensivo con la gente que te rodea.

PALABRAS CLAVE: un hombre del signo de fuego. Un «superpapá». Un personaje importante. Una persona que es encantadora, abierta, enérgica y generosa. Ser el mentor de alguien. Entusiasmo, expresión artística, creatividad.

ELEMENTOS ASOCIADOS: fuego y aire. El fuego es el elemento natural asociado al palo de bastos, mientras que los cuatro reyes están relacionados con el sabio y reflexivo elemento aire.

ASOCIACIÓN ASTROLÓGICA: Leo

INVERTIDA: arrogancia, codicia. Atribuirse el mérito del esfuerzo o las ideas de otro. Un individuo egocéntrico.

Pentáculos

*En la antigüedad el pentáculo significaba
«vida» o «salud». Sigue siendo el signo del elemento
tierra en el palo de pentáculos del tarot.*

BARBARA G. WALKER

El palo de pentáculos, u oros, simboliza el elemento tierra y todas las asociaciones mágicas que surgen de él: el poder y la magia de la naturaleza, la prosperidad y la seguridad. Las cartas de pentáculos florecen y crecen a lo largo de una senda que lleva a la comprensión mediante el trabajo, la estabilidad y la seguridad. Este palo representa la influencia de la magia natural, la encantadora belleza y poder de la naturaleza, las relaciones estables, los hogares rebosantes de amor y el espíritu práctico, y explora los resultados de la creación acabada. Los pentáculos representan esa manifestación. Simbolizan la constancia y los cinco sentidos físicos del mundo material en el que existimos.

Este palo está ligado a los nacidos bajo un signo zodiacal de tierra: Tauro, Virgo y Capricornio. Físicamente las cartas de la corte representan a gente con un color de piel oscuro y ojos castaños o de un tono avellana. Los individuos que se sienten atraídos por el palo de pentáculos pueden ser realistas, sensuales, prácticos y centrados, y sienten afinidad con el mundo natural. Son las personas que cuidan de los demás, los anfitriones, las amas de casa en el mejor sentido posible del término.

As de Pentáculos

As de Pentáculos

Un gran pentáculo dorado flota en el aire. El cielo del fondo tiene el color rosado del amanecer, y tras el pentáculo hay nubes doradas y rosadas. El precioso pentáculo presenta en su superficie un diseño de hojas, y está rodeado por enredaderas de madreselva en flor del jardín. La madreselva es una enredadera tenaz que está vinculada al elemento tierra y al planeta Júpiter. Es una hierba poderosa usada en los hechizos de prosperidad y buena suerte, lo que la hace muy apropiada para aparecer en este palo mundano. Las enredaderas de madreselva en flor son símbolos de oportunidades nuevas y muy atractivas. Esta es una de las cartas más positivas de la baraja del tarot, ya que indica prosperidad, fertilidad, riqueza, estabilidad y crecimiento. También simboliza la manifestación positiva y real de tu magia en el mundo físico.

Significado

El As de Pentáculos es la forma más potente y pura del elemento femenino tierra. Este as nos muestra toda la abundancia que representa el palo de pentáculos. Sé creativo y pon todas esas ideas en acción para alcanzar el éxito material. Como el pentáculo está flotando en el aire, tradicionalmente la interpretación de esta carta solía señalar que el dinero podía manifestarse en tu vida como si saliera del aire. Y es verdad que puede representar un don o una oportunidad surgidos de la nada que aparecen de pronto en tu vida. Sin embargo, de una manera más realista, esta carta (al ser la forma más pura del elemento tierra) te recuerda que pongas los pies en el suelo y uses tu sentido común. Ese espíritu práctico y sentido común te guiarán, a ti y a tu magia, hacia el éxito. El As de Pentáculos a menudo simboliza el deseo de ayudar a los otros en un nivel a la vez mundano y mágico. Indica una inclinación permanente y profunda hacia la belleza de la naturaleza y un talento especial para la magia verde.

PALABRAS CLAVE: riqueza, abundancia, salud, felicidad, seguridad, buena suerte. Amor a la naturaleza, magia verde y herbolario. Magia manifestada en el mundo físico. El elemento tierra.

INVERTIDA: un retraso en unos ingresos que esperas. Codicia, problemas con las finanzas, fallo de un hechizo. Falta de fe en tus propios talentos mágicos.

Dos de Pentáculos

Dos de Pentáculos

Un joven está haciendo juegos malabares con dos pentáculos dorados. Va vestido en tonos verdes y marrones, un enlace visual con el elemento tierra. Los pentáculos dorados con los que juega están en el aire y por encima de sus manos extendidas, dentro de los lazos de un símbolo horizontal del infinito, el mismo símbolo de la lemniscata que aparece en las cartas de El Mago y La Fuerza. El joven tiene los ojos cerrados, como si fuera tan hábil haciendo malabarismos que no necesitara ni siquiera mirar los pentáculos. Esta carta nos muestra a una persona feliz y abierta. No importa en qué entorno se encuentre, siempre halla la manera de hacer juegos malabares con las cosas a su alrededor y que le salgan bien. Detrás del joven, hay un cielo azul brillante, esponjosas nubes de buen tiempo, el mar y un barco navegando entre olas y corrientes. Aunque las aguas son agitadas, la nave fluye con ellas. Este es un aviso para recordarte que hagas lo mismo.

Significado

Cuando esta carta aparece en una lectura, señala que es el momento de desarrollar nuevas aptitudes. Sin embargo, esto no será un problema para ti, ya que eres experto en llevar varias cosas a la vez, con facilidad y disfrutando mientras lo haces. También indica que posiblemente tengas que elegir entre dos opciones materiales. Esta es la carta de las segundas oportunidades, por ejemplo, aceptar un segundo empleo; el Dos de Pentáculos, más que ninguna otra, se refiere al desempeño simultáneo de varias tareas. Además de eso, también puede indicar un momento en el que hay que cuidar el dinero. Vigila tus finanzas personales y equilibra tu presupuesto.

PALABRAS CLAVE: multitarea. Segundas oportunidades, segundo empleo. Vigilar tus finanzas personales. Equilibrar tu presupuesto.

INVERTIDA: sentirse agobiado. Falta de concentración. Cuenta bancaria al descubierto.

Tres de Pentáculos

Tres de Pentáculos

Un aprendiz de hechicero que viste una camisa estampada en un tono verde terroso está sentado pensativo ante un viejo escritorio de madera. Tras él, en una pared de piedra, hay una gran vidriera en la que aparecen tres pentáculos. El joven estudioso sostiene una pluma en la mano y está creando pacientemente un amuleto en el pergamino que tiene frente a él. El pentagrama que está dibujando es una representación de las fuerzas que usa para manifestar su magia, un símbolo de su desarrollo espiritual. Aunque el joven es todavía un aprendiz, está usando sabia y creativamente sus talentos. Obtiene una satisfacción tranquila y sólida con su trabajo y con su avance en el dominio de la técnica. Sobre el escritorio hay más herramientas de su oficio: un tintero, una vela verde encendida, un manojo de hierbas frescas y una botella con una poción mágica burbujeante. Un gato encantado de ojos esmeralda está sentado afablemente a su lado y mira al joven mientras el humo dorado de una vela de hechizos se eleva hacia el techo. Con el tiempo el aprendiz llegará a ser maestro de su oficio, gracias a su duro esfuerzo y dedicación.

Significado

Cuando el Tres de Pentáculos aparece en una lectura, es un mensaje de que el éxito nos llegará si ponemos en ello mucha dedicación y esfuerzo. Esta es una carta positiva de progreso, que te recuerda que deberías aprovechar tus dotes creativas, ya que te traerán el éxito y te ayudarán a complementar tus ingresos si así lo deseas. Esta es la carta del autoempleo y del aprendizaje (de ahí el tema del «aprendiz de brujo»). Puede indicar la oportunidad de aprender una nueva aptitud profesional o de entrar en un programa de formación laboral. El Tres de Pentáculos puede también representar un aprendizaje mágico. Tal vez hayas comenzado un nuevo curso de estudios mágicos o quizá te estés esforzando por subir de categoría en tu asamblea de brujas. Los demás notarán y apreciarán lo mucho que te esfuerzas. Ahora es el momento de dedicarte a dominar tu oficio.

Palabras clave: duro esfuerzo, autoempleo, progreso. La dedicación conduce al éxito. Usar creativamente tus talentos. Aprendizaje y logros mágicos.

Invertida: oportunidades desperdiciadas, apatía. No dedicarles tiempo a los detalles. Trabajo infructuoso.

Cuatro de Pentáculos

Cuatro de Pentáculos

Un hombre mayor con el pelo canoso y gafas pequeñas y redondas está sentado solo sobre los escalones frontales de piedra de su preciosa casa de campo. Viste una ropa rica y elegante de color verde y dorado. Tras él hay una puerta cerrada de madera en forma de arco con intrincados grabados.

Una hermosa guirnalda de hierbas cuelga sobre la puerta de la casa. El hombre, con aire un tanto receloso, abraza un pentáculo dorado contra su pecho. Se encorva sobre otro y guarda con cuidado otros dos más debajo de los pies, como si tuviera miedo de que alguien los tocase o intentase quitárselos. Su lenguaje corporal grita claramente: «¡Míos!». Todo esto te hace pensar: ¿este hombres es solo un viejo avaro miserable? ¿O puede que se sienta inseguro y temeroso? ¿O tal vez sacrificó sus relaciones personales para tener éxito y ahora está solo?

Lo más curioso es que de la puerta delantera de su casa cuelga una hermosa guirnalda de madreselva florecida. Esta hierba se suele usar en los hechizos para la prosperidad. La guirnalda en sí es un símbolo de las estaciones y ciclos cambiantes de la vida, que contrasta con la resistencia del hombre al cambio.

¿Por qué se aferra tanto a esos pentáculos? ¿Qué es lo que de verdad está guardando? Ha puesto una barrera muy alta a su alrededor, y no está dispuesto a atravesarla para entablar una relación con nadie. Quizá debería escuchar más de cerca el mensaje de la guirnalda, porque en la lengua de las flores la madreselva representa la generosidad.

Significado

Cuando el Cuatro de Pentáculos llama a la puerta de una lectura, es una señal de que alguien está aferrándose a algo de una manera enfermiza. Quizá sea miserable o codicioso y lo único que le interesa es su dinero. O acaso sea obstinado y haya reprimido sus emociones (posiblemente este sea el caso si la carta de El Ermitaño aparece también en la lectura).

El Cuatro de Pentáculos te advierte de la resistencia a cambiar. De manera que ahora que lo sabes, piensa que el cambio es positivo: acepta las transformaciones de tu mundo. Relájate y respira. Puedes haber alcanzado tus metas, pero no las estás disfrutando. Recuerda que nada está quieto; todo se encuentra en movimiento. Acéptalo y muévete hacia delante. Es el momento de bajar tus barreras. Reconecta con tus amigos y tu familia, y descubrirás de nuevo la alegría de vivir.

PALABRAS CLAVE: resistencia al cambio. Soledad, barreras malsanas. Alcanzar tus metas pero seguir siendo desgraciado. Obstinación. La necesidad de relajarte y aceptar el cambio airosamente.

INVERTIDA: egoísmo, avaricia, acumulación, acaparamiento. Miedos abrumadores con respecto al dinero.

CINCO DE PENTÁCULOS

Cinco de Pentáculos

De un árbol seco cuelgan cinco pentáculos dorados. Es invierno, y hay nieve en la base del árbol y en la ladera de la colina. Las ramas desnudas forman un contraste impresionante con el paisaje invernal. Al fondo vemos un cielo nublado y frío que parece de hielo. Esta carta de los Arcanos Menores

226

puede indicar que te sientes apartado, lejos de la gente que te quiere, sin amigos ni otros brujos. Sin embargo, todo depende de cómo lo mires. Por ejemplo, la capa de nieve puede simbolizar el aislamiento o, por el contrario, ofrecerte una visión limpia y fresca de un paisaje que de otra manera resultaría insulso. La nieve puede ser un signo de que es el momento de empezar de cero. En primer plano, una solitaria campanilla blanca se alza a través de la nieve. La campanilla blanca es una flor que simboliza la renovación y el consuelo en la adversidad, que son los verdaderos mensajes de esta carta.

Significado

Cuando el Cinco de Pentáculos aparece en una lectura, indica un tiempo de barbecho. El consultante puede estar experimentando preocupaciones económicas o sintiéndose aislado de otros que comparten creencias similares. Puede tener un sentimiento de desconexión y aislamiento o una pérdida de fe en sí mismo, ansiedad y estrés, por lo que debe centrarse en superar los malos tiempos en lugar de abandonarse al miedo y la autocompasión. La campanilla blanca es significativa: muestra que la vida sigue y que el renacimiento es posible. Hay ayuda disponible si la pides. No importa lo oscuro o lo frío que pueda ser el invierno, la primavera, el crecimiento y las nuevas oportunidades están a la vuelta de la esquina.

PALABRAS CLAVE: preocupaciones económicas. Ansiedad y estrés. Abrirse paso a través de los tiempos duros. Sentirse apartado o aislado. Renovación y esperanza en la adversidad.

INVERTIDA: pérdida, tristeza, remordimientos, arrepentimiento.

SEIS DE PENTÁCULOS

SEIS DE PENTÁCULOS

Un amable caballero elegantemente ataviado con ropajes de tonos verde y bronce reparte seis pentáculos dorados a unos niños pobres. Tiene el pelo oscuro y la cara risueña, viste una capa de terciopelo esmeralda y luce una gran pluma en el ala del sombrero. En el cuello lleva un collar de oro. Va cubierto con una capa real. Sus manos generosas dejan caer seis pentáculos dorados en las manos abiertas de los niños. Claramente disfruta ayudando a otros menos afortunados que él. El fondo es brillante, luminoso, con abundante hierba verde y un bello cielo azul, todo ello como símbolo de un instante de felicidad y prosperidad. Las ropas de los niños parecen algo andrajosas en comparación con las del caballero; sin embargo, las expresiones de sus rostros muestran lo dichosos que se sienten con los generosos regalos de su benefactor. Esta carta, más que representar la caridad, es una ilustración de la energía positiva que se intercambia entre el caballero y los niños. Su verdadera lección es dar y recibir, actos entre los que se encuentra un equilibrio.

Significado

Esta es una carta de generosidad y regalos recibidos, que no tienen por qué ser materiales. Pueden ser echarle una mano a alguien para ayudarle, regalarle tu tiempo, tu atención o incluso compartir con esa persona tus talentos. Tradicionalmente esta es una carta de asistencia y donación a una buena causa. Este «regalo» puede ser monetario o de apoyo emocional, una oportunidad de hacer trabajo voluntario o una manera de contribuir a la comunidad. Otro significado es pagar alegremente una deuda kármica. El Seis de Pentáculos también aparece cuando hay una beca a la vista. En este momento está fluyendo libremente una energía abundante, positiva y próspera. Es un momento oportuno para la magia de la prosperidad.

PALABRAS CLAVE: dar y recibir. Generosidad. Compartir desinteresadamente tu tiempo y tus talentos. Hacer trabajo voluntario o contribuir a la comunidad. Caridad, becas, pago de una deuda kármica. La energía de la prosperidad está fluyendo en este momento.

Invertida: robo. Sentirse engañado, estafado, sentir que se han aprovechado de nosotros. Sospechar de los motivos del otro.

SIETE DE PENTÁCULOS

SIETE DE PENTÁCULOS

Un hombre de pelo negro oscuro se encuentra junto a una planta verde alta y frondosa. En ella pueden verse siete pentáculos dorados. El joven apoya la barbilla en sus manos enguantadas y cruzadas. Parece cansado pero satisfecho mientras descansa de su trabajo en la tierra y se deja caer sobre una herramienta de jardinería. Viste ropas de estilo medieval prácticas y resistentes en tonos tierra –verde, amarillo y marrón–, que son adecuadas para trabajar en un jardín. El cielo tras él es azul, limpio y bello, y el paisaje que le rodea es verde y exuberante. Todo el esfuerzo, tiempo y trabajo que ha puesto en el cuidado de esta planta está rindiendo su fruto. La herramienta de jardinería en la que se apoya podría ser una pala enterrada en el suelo o un azadón oculto bajo la abundante hierba; de cualquier modo es un recordatorio de que tienes muchas herramientas disponibles en tu búsqueda del éxito y la prosperidad. Es hora de que elijas la más adecuada para la tarea y la utilices bien. Invierte en ti mismo; todos tus esfuerzos y duro trabajo rendirán maravillosos frutos, justo como le ha sucedido a este joven jardinero.

Significado

El Siete de Pentáculos es la carta de la cosecha. Cuando aparece un una lectura, habla de recompensas tras un duro esfuerzo, que contrarrestan todo el esfuerzo que has puesto en tus metas y proyectos. El palo de pentáculos está vinculado con la riqueza material, y también es el palo de la manifestación. Ahora es el momento de sentarte, hacer un recuento de todo lo que has conseguido y recrearte en los frutos de tu labor. Disfruta la satisfacción del trabajo bien hecho.

PALABRAS CLAVE: cosecha, recoger los frutos de tu labor. Satisfacción por el trabajo bien hecho. Apreciación. Duro trabajo igual a recompensas abundantes.

INVERTIDA: oportunidades desperdiciadas. Momento de volver a empezar. Decepción.

OCHO DE PENTÁCULOS

OCHO DE PENTÁCULOS

Una bruja está sentada frente a una mesa de trabajo de madera al anochecer, en un laboratorio de alquimia. Su rostro tiene una expresión pensativa y viste una túnica verde hoja con encajes en los bordes de las mangas. En las manos sostiene un gran pentáculo dorado que pule cuidadosamente con un paño. Su pelo es rizado y salvaje, como si llevara bastante tiempo trabajando diligentemente sin preocuparse de su aspecto físico. Sus ojos son verdes y están centrados únicamente en su tarea. En la mesa hay un grimorio abierto, una vela encendida, un trozo de asta de venado, unos cuantos manojos de hierbas frescas y una calavera humana. Un cuervo está posado en lo alto de su silla y parece estar vigilando la habitación para su ama. Los cuervos son el animal tradicionalmente aliado del adivino, ya que representan los misterios de la magia y la brujería. Tras la bruja, cuidadosamente dispuestos sobre la pared de piedra al lado de una gran ventana geminada, hay otros siete pentáculos dorados. Ya casi ha acabado y está dándole el pulido final al octavo pentáculo. Pronto su tarea estará terminada y lo añadirá a los otros siete que están colocados tan cuidadosamente en el muro. En esta carta vemos que la bruja se preocupa más de la integridad del trabajo en sí que de la gloria que pueda llegar cuando su tarea haya finalizado.

Significado

Cuando el Ocho de Pentáculos aparece en una lectura, señala que ha llegado el momento del conocimiento práctico, la determinación y la maestría. Debes aprender trabajando o esforzarte en el estudio de tu carrera o de las artes mágicas. Aquí hay una oportunidad para que te concentres en un proyecto creativo como el arte o la escritura.

Para sacar buen partido de tus aptitudes, debes concentrarte, y trabajar con disciplina y diligencia en tu proyecto. El éxito vendrá cuando combines todas tus dotes con una buena dosis de esfuerzo. Esta no es una carta de fama, es una carta que te recuerda que el esfuerzo, la concentración y la creatividad suelen traer consigo crecimiento, ganancias y una sensación de plenitud. Puede aparecer también en una lectura cuando hay un proyecto complejo, de larga duración, a punto de alcanzar un final satisfactorio.

PALABRAS CLAVE: diligencia, maestría, atención al detalle. Estudio y práctica de las artes mágicas. Trabajo en curso, proyecto que está a punto de terminar con éxito.

INVERTIDA: falta de compromiso. No hay ambición. Un retraso en la terminación de un proyecto.

Nueve de Pentáculos

Nueve de Pentáculos

Una sonriente bruja de jardín está sola en un vergel exuberante bajo una pérgola. La rodea un ramaje frondoso, con flores, y casi parece que estuviera bailando. Está claro que es una mujer feliz, segura de sí misma y autosuficiente. Su pelo es castaño y sus ojos verdes, con un vestido de terciopelo de un color marrón oscuro con ribetes de un verde bosque. El hecho de estar fuera en el jardín y rodeada por la naturaleza realza sus poderes. Los pendientes dorados que lleva son una callada referencia a su éxito y prosperidad. Alrededor del cuello luce un collar de nueve piedras verdes de turmalina, la piedra complementaria del herbolario y el jardinero mágicos. El número de joyas enlaza con el de la carta.

En la pérgola crecen y se entrelazan nueve grandes flores mágicas de cinco pétalos. El centro de estas flores en forma de estrella es un pentáculo metálico dorado. Un hermoso halcón está posado en la pérgola justo sobre la mujer, como para hacerle compañía. Es su aliado y representa claridad de objetivos, intuición, inspiración y confianza. En esta carta aprendemos uno de los misterios de la magia: que relacionarte con la naturaleza y ocuparte de la tierra realzan tu espiritualidad.

Significado

Cuando el Nueve de Pentáculos florece en tu lectura, te habla de un momento de alegría y abundancia. Esta carta de tarot representa clásicamente a una persona elegante que tiene éxito y que se siente más feliz que nunca cuando está rodeada por la belleza de la naturaleza. Simboliza a una bruja que se nutre del elemento tierra para recibir sus poderes. No importa cómo la llamemos (Bruja del Jardín, Bruja Verde, o herbolaria mágica), se trata de una persona práctica, mundana, que disfruta de la naturaleza, crea y mantiene un hermoso hogar y cultiva un jardín mágico. Además, esta carta habla de compartir la magia y los secretos del jardín con otros. Se te pide que conectes con la tierra y estudies sus misterios. Por último, el Nueve de Pentáculos puede representar que las preocupaciones económicas han acabado. Anuncia un tiempo de enfoque creativo, confianza y crecimiento personal.

PALABRAS CLAVE: Bruja de Jardín, herbolario mágico, magia verde. Felicidad, éxito, confianza, abundancia, autosuficiencia. Los poderes mágicos y la espiritualidad se realzan cuando te manchas las manos de barro y sirves a la tierra.

INVERTIDA: falta de inspiración espiritual. Complacencia. Aunque hayas alcanzado el éxito, no te duermas en los laureles, sigue esforzándote y avanzando.

DIEZ DE PENTÁCULOS

DIEZ DE PENTÁCULOS

Una pareja enamorada y feliz se abraza contemplando a su hijo y al abuelo del bebé, que vemos en primer plano. El anciano está sentado bajo un arco de piedra con su nieto en las rodillas mirando cariñosamente al pequeño. Tiene una sonrisa de complicidad; quizá sea uno de los Sabios. Una luz resplandeciente se extiende brillando de su mano al bebé. Este, encantado por la luz, ríe con su abuelo. La escena ilustra el conocimiento mágico o los talentos psíquicos que pasan de generación en generación o que heredamos de nuestros ancestros. La unión de la familia es sólida y fuerte. Un adorable perro de gran tamaño está intentando conseguir algo de atención también y se ha echado en la hierba cerca de ellos para protegerlos. El perro es un símbolo clásico de lealtad y compañía.

Por encima de los cuatro aparecen diez pentáculos dorados alineados en dos filas. A lo lejos vemos la mansión familiar con sus torretas y una gran extensión de césped y jardines cuidados con esmero. Los jardines son lugares mágicos, y en esta carta se les presta mucha atención, al igual que a las relaciones familiares.

Significado

Tradicionalmente esta carta significa logros, seguridad económica y apoyo emocional o monetario de tus seres queridos. Como última carta numerada del palo de pentáculos, nos muestra el resultado final tanto de la abundancia como de la espiritualidad: un hogar feliz y familia y amigos queridos. Al decir «familia» me estoy refiriendo al fuerte vínculo emocional entre un grupo de personas que comparten su afecto. Recuerda que la familia no son solo aquellas personas con las que te unen lazos de consanguinidad. La familia puede ser tu pareja, tus amigos y tus mascotas, o los miembros de tu asamblea de brujas. Cuando el Diez de Pentáculos aparece en una lectura, el consultante tiene una «familia» amorosa y una vida feliz con ella. Esta es la carta del compromiso, la lealtad, la comunidad y el éxito. También puede simbolizar legados de talento psíquico o mágico pasados a través del árbol genealógico. La magia está a tu alrededor; ábrete a ella.

Palabras clave: compromiso. Éxito en la comunidad y en las finanzas. Familia o asamblea de brujas feliz. Apoyo, agradecimiento, lealtad. Un legado familiar de magia. Talentos psíquicos heredados.

Invertida: la carga de los problemas de una familia o una reunión de brujas. Consejos no solicitados o interferencias en tu vida personal. Un grupo que no te aprecia, sino que te sofoca y te controla. Conflictos a raíz de un testamento o una herencia.

Paje de Pentáculos

Paje de Pentáculos

Una joven de piel oscura, cabello negro y ojos castaños sostiene un gran pentáculo en sus manos. Se encuentra en un jardín y bajo un magnolio florecido. Al fondo vemos un hermoso cielo azul y un paisaje frondoso. Da la impresión de estar estudiando el pentáculo cuidadosamente. La joven viste una maravillosa túnica verde primavera ribeteada con motivos florales de color rosa. Alrededor del cuello lleva un medallón en forma de flor de cinco pétalos que es un discreto pentagrama. La túnica, los colores, el ribete floral y el medallón son todos ellos sutiles referencias al elemento natural vinculado al palo de pentáculos, la tierra. Una cierva blanca se asoma junto al árbol justo tras el Paje de Pentáculos. Mordisquea con tranquilidad la verde hierba y es la compañera de la joven. Tradicionalmente una cierva blanca es una criatura de las hadas, en cuyo territorio te invita a adentrarte. Esta cierva etérea simboliza la magia y los milagros. El magnolio que florece de forma tan espléndida en esta carta se corresponde también con el elemento tierra. En la lengua de las flores, las magnolias simbolizan la dulzura, la belleza, la perseverancia y el amor a la naturaleza.

Significado

El Paje de Pentáculos representa a una persona estudiosa y tranquila. Es generosa, amable y le encanta ayudar a los demás. Se refiere no solo a un amigo fiel sino también a alguien que trabaja con empeño para lograr su propósito. Si te centras en lo que quieres y te esfuerzas al máximo, alcanzarás el éxito. Esta carta también puede simbolizar a un estudiante de las artes mágicas que está entusiasmado, fascinado y completamente absorto en sus estudios, o que siente la vocación de explorar la magia de las hadas. Ahora es el momento de centrarte en tu espiritualidad. Observa cómo se manifiestan tus hechizos en el plano físico. Si quieres que tu práctica mágica alcance el éxito, deberás dejarle tiempo para que florezca.

El mensaje del Paje de Pentáculos es el siguiente: abre los ojos, observa la naturaleza y estudia pacientemente su comportamiento para entender las lecciones de magia terrena que te esperan en ella.

PALABRAS CLAVE: un tiempo de estudio. Amor a la naturaleza. Paciencia, amabilidad, generosidad. Sentir atracción por el mundo de las hadas. Entusiasmo, éxito. Enfocarte en tu espiritualidad.

ELEMENTOS ASOCIADOS: tierra y tierra. Tierra es el elemento natural asociado al palo de pentáculos, mientras que los cuatro pajes están vinculados con el práctico elemento tierra.

INVERTIDA: estar desconectado de tu magia. Sentirte ahogado o atrapado en la vida cotidiana. Aburrimiento, no estar centrado.

CABALLERO DE PENTÁCULOS

CABALLERO DE PENTÁCULOS

El Caballero de Pentáculos mantiene pacientemente su pose erguida mientras cabalga un caballo negro. Lleva la visera alzada y observa atentamente la campiña a su alrededor. Parece afable pero todavía resulta algo misterioso. El pentáculo dorado que lleva pegado al pecho, como un escudo, simboliza su firme lealtad. La armadura del caballero resplandece, y lleva además una túnica de color verde hierba y una capa. El verde es el color de la naturaleza, las hadas, la fertilidad y la brujería. El ribete, la brida y las riendas del caballo presentan motivos de hojas verdes, otro enlace visual con el elemento tierra.

El Caballero de Pentáculos es un representante de la Diosa, como el Caballero Verde de los mitos y leyendas. Y lo mismo que ese Caballero Verde, no busca activamente batallas, pero está preparado para ellas de todos modos. Fíjate en el venado heráldico de la capa de desfile esmeralda del caballo. En heráldica este animal simboliza armonía, paz, y que el caballero que lo porta no lucha a menos que lo provoquen, lo cual lo convierte en un símbolo perfecto para nuestro Caballero de Pentáculos. Al fondo vemos un cielo amarillo al amanecer, campos dorados y verdes y un arroyo. La silueta de un espléndido venado se recorta contra el paisaje, en representación del elemento tierra y de las cualidades que definen al Caballero de Pentáculos: orgullo, aplomo e integridad.

Significado

Cuando el Caballero de Pentáculos aparece en una lectura, espera una prueba de algún tipo. No se trata de una situación llena de problemas, sino de una prueba discreta de tu honor y de tus creencias personales. Recuerda que el Caballero Verde de la leyenda «probaba» a los otros caballeros. Aunque era un personaje afable, también era misterioso. En una lectura, esta carta representa también a un joven realista de piel y ojos oscuros, bueno, comprensivo, fiable, leal, trabajador y práctico. Además, puede indicar que en el futuro vas a entrar en la universidad, en una escuela técnica o en el mundo de los negocios. Al igual que las otras cartas de caballeros, esta también indica movimiento, pero aquí el movimiento es más metódico. El caballero se toma su tiempo, observa atentamente y luego avanza con cuidado para enfrentarse a cualquier desafío.

El mensaje del Caballero de Pentáculos es que hay que observar con atención y moverse de forma metódica. Enfréntate con cualquier dificultad de esta manera y obtendrás una tranquila victoria.

PALABRAS CLAVE: un hombre práctico y realista. Duro esfuerzo, observación activa, vigor, paciencia y responsabilidad. Tratar metódicamente los problemas.

ELEMENTOS ASOCIADOS: tierra y fuego. La tierra es el elemento natural relacionado con el palo de pentáculos mientras que los cuatro caballeros están asociados con el elemento energético del fuego.

ASOCIACIÓN ASTROLÓGICA: Virgo.

INVERTIDA: hay obstáculos en tu senda, posiblemente un bloqueo en algún aspecto de tu vida. Es el momento de observar con atención y luego ocuparse metódicamente de solucionar la situación. Esto llevará su tiempo.

REINA DE PENTÁCULOS

REINA DE PENTÁCULOS

La bella y exótica Reina de Pentáculos está sentada en su trono floral; un enramado de rosas rojas trepadoras se alza por encima de ella. Tiene los ojos oscuros y lacitos verdes en las trenzas de su pelo negro azabache. Su túnica muestra varios tonos de verde. Luce una corona de hojas doradas con esmeraldas cuadradas engarzadas. En la frente lleva un bindi[1] rojo. Este es un símbolo del tercer ojo místico y de sabiduría. En particular el color rojo de las gemas de su bindi representa el honor, el amor y la prosperidad. Como corresponde a la realeza, alrededor del cuello luce un pesado collar de ricas esmeraldas cuadradas, piedras encantadas que regalan dicha y lealtad a quien las lleva. La reina sostiene un pentáculo dorado en la mano derecha, y en el brazo izquierdo un ramo de tulipanes blancos y verdes, madreselva y trigo dorado, unidos con cintas de un verde claro. Tras el trono aparece un bello paisaje y cielos azules, y a sus pies hay un adorable perro marrón. Las flores que lleva la reina están ligadas al elemento tierra. Los tulipanes verdes simbolizan la prosperidad y la suerte en el amor; la madreselva, la riqueza y el cariño fiel, y el trigo, abundancia y riquezas. Las rojas rosas del enramado significan belleza y amor. El perro se corresponde con el elemento tierra, y es un signo de fidelidad y compañía.

Significado

Cuando la Reina de Pentáculos aparece en una lectura, estás ante la genuina Madre Tierra. Esta carta representa a una mujer madura que puede tener cabello y ojos oscuros. Es práctica y siente un profundo amor por la naturaleza y una gran conexión espiritual con la tierra. Es sensual y preciosa, y le encantan las cosas bellas. Se esfuerza mucho en conseguir y mantener aquello que aprecia. Siempre está ocupada con alguna actividad, (jardinería, cocina, decoración...), aunque creando o atendiendo a alguien. Cuando está cuidando a los

---

1. El bindi es un elemento decorativo utilizado en Asia. Tradicionalmente es un punto de color rojo en la parte central de la frente, cerca de las cejas, aunque también puede ser un signo o una joya en lugar de un punto.

demás es cuando se siente más feliz. Es una esposa y una madre devota, y también una amiga con la que te lo puedes pasar muy bien, además de una generosa anfitriona y una amante apasionada, todo en una. La Reina de Pentáculos es la carta de la cuidadora por excelencia. Habla de una bienvenida, un hogar acogedor, familias felices, mascotas queridas, amigos fieles, diversión y afecto. Suele estar ligada a la carta de La Emperatriz. Si aparecen juntas en una lectura, la maternidad tiene un papel esencial.

El mensaje de la Reina de Pentáculos es el siguiente: acepta ese amor que profesas por las cosas bellas de este mundo. Crea a tu alrededor una atmósfera mágica y agradable para ti y para tus seres queridos.

PALABRAS CLAVE: una mujer del signo de tierra. Un ama de casa en el mejor sentido de la palabra. Plenitud emocional. Madre Tierra. Anfitriona generosa, amiga fiel, amante de la naturaleza, esposa y compañera devota. Tierra y hogar. Maternidad.

ELEMENTOS ASOCIADOS: tierra y agua. La tierra es el elemento natural asociado al palo de pentáculos, mientras que las cuatro reinas están asociadas al elemento emocional del agua.

ASOCIACIÓN ASTROLÓGICA: Capricornio.

INVERTIDA: obsesión con posesiones y riqueza material. Darle demasiado valor a las apariencias y al estatus social. Amistad falsa. Sospecha, envidia, infidelidad.

REY DE PENTÁCULOS

REY DE PENTÁCULOS

El apuesto Rey de Pentáculos está sentado en un patio de piedra exterior, cómodamente reclinado sobre los cojines de púpura real de su trono dorado. Tiene el pelo negro, barba y bigote cuidados, ojos castaño oscuro, y lleva una corona de hojas de oro engarzadas con esmeraldas. Sostiene en la mano izquierda un gran pentáculo dorado, que está mirando, mientras el brazo derecho descansa sobre el brazo de su trono y sujeta un cetro dorado. Lleva un collar de cadena de oro con esmeraldas, piedras preciosas estimulantes que conceden paciencia. Vemos una cota de malla bajo las vestimentas reales, que nos muestra que, aunque es un legislador, sigue teniendo la capacidad que se requiere para defender a su tierra y a su gente. Un venado blanco heráldico aparece en el pecho de la túnica del rey. En heráldica este animal es un símbolo de realeza. Tras el Rey de Pentáculos, en la distancia, vemos un castillo con torreones. Los castillos de las cartas de tarot nos muestran que la búsqueda del conocimiento y el progreso ha terminado, lo cual se ajusta perfectamente a la última carta de los Arcanos Menores. Alrededor del monarca crece una hermosa parra con uvas púrpura maduras. La viña y las uvas simbolizan prosperidad, abundancia y felicidad doméstica.

Significado

Cuando el Rey de Pentáculos hace su aparición en una lectura, es señal de que, esforzándose con empeño y determinación, el éxito está en camino. Esta carta representa a un hombre con el pelo oscuro y ojos de un marrón profundo. Es abierto, responsable y, lo que es más importante, realista, del signo de tierra, fuerte, firme y maduro, que saborea los simples placeres de la vida. Es una personalidad generosa y comprensiva, así como un esposo fiel y amante, un padre protector que disfruta sinceramente de sus hijos. Este hombre tiene éxito, es práctico y está satisfecho con su vida. Es un experto artesano y se deleita con la jardinería, el paisajismo, la labranza o la carpintería. Es más feliz cuando está trabajando con la tierra o haciendo algo con sus manos. Se ha esforzado mucho y se ha ganado a pulso su confort y su éxito.

La lección del Rey de Pentáculos es que tu esfuerzo ha dado fruto. Atraerás la prosperidad.

PALABRAS CLAVE: un hombre del signo de tierra. Determinación, trabajar con empeño, riqueza, seguridad, éxito, responsabilidad. Un experto artesano. Protector de la familia. Un individuo maduro que es un hombre en el que apoyarse en las situaciones difíciles.

ELEMENTOS ASOCIADOS: tierra y aire. La tierra es el elemento natural relacionado con el palo de pentáculos, mientras que los cuatro reyes están asociados con el sabio y reflexivo elemento aire.

ASOCIACIÓN ASTROLÓGICA: Tauro.

INVERTIDA: una persona que es ensimismada, terca y controladora. Materialismo. Perder de vista lo que es verdaderamente importante.

Tiradas del Tarot

*¿Qué podría ser más convincente, por otra
parte, que el gesto de desplegar las propias
cartas boca arriba sobre la mesa?*

JACQUES LACAN

Existen muchas maneras de tirar las cartas de tarot, y esto nos permite personalizar las lecturas y actuar con mayor libertad. Hay varias tiradas clásicas, como la de las siete cartas —llamada «la herradura»— o la lectura de tres cartas. Lo que tienes que recordar es lo siguiente: la estructura de un tipo de lectura viene determinada por la forma en la que se despliegan las cartas.

Pero más importante aún es que confíes en tu instinto. Si, por ejemplo, no te sientes cómodo con la vieja tirada de la Cruz Celta, no la utilices. Para esta baraja de tarot brujeril he creado unas cuantas tiradas nuevas. Pensé que una vez explicado todo lo que había que explicar, sería buena idea incluir algo nuevo y fresco para el Tarot de las Brujas. Entre estas lecturas están la tirada de la Triple Diosa, la tirada de los Cuatro Elementos y la tirada de La Rueda del Año. En cada una de estas nuevas lecturas hay un encantamiento en verso que te ayudará a afinar tus pronósticos.

Tirada de una sola carta

La simplicidad es la mayor sofisticación.

Leonardo da Vinci

La lectura que te propongo a continuación es corta, sencilla y directa. Te da una respuesta instantánea. Baraja las cartas y luego repártelas bocabajo en forma de abanico sobre la mesa. Di en voz alta: «¿Qué es lo que más necesito saber?». Ahora elige una carta. Quizá sería conveniente que pasaras la mano sobre las cartas y vieras cuál «sientes» que es la adecuada para ti, o simplemente elige una al azar. Dale la vuelta, y ahí está tu respuesta.

Otras buenas preguntas para la lectura con una sola carta son:

1. ¿Cuál es mi lección personal para el día de hoy?
2. ¿Tienen hoy algún mensaje para mí mis guías o los dioses?
3. ¿Qué tengo que saber antes de lanzar un hechizo?
4. ¿Cómo se manifestará mi hechizo?

Por último, esta sencilla lectura de una sola carta es una manera agradable de entender las lecciones que tu día pueda ofrecerte: baraja las cartas, pídeles a los dioses que guíen tu mano y que te ayuden a comprender su mensaje, y saca una. También es divertido hacer esta tirada cuando se reúne tu asamblea de brujas. Cada uno de sus miembros tiene que sacar una carta e ir pasando la baraja alrededor del círculo en el sentido de las agujas del reloj. Comenta los significados y habla sobre las cartas con ellos.

Tirada de tres cartas

Por tanto, cuando la mente se conoce y se ama a sí misma, queda una trinidad: la mente, el amor y el conocimiento.

PETER LOMBARD

Las lecturas de tres cartas son amenas. Hay muchas variaciones sobre cómo puedes interpretar una trinidad de cartas. Una de las tiradas más comunes es la siguiente:

1. Pasado.
2. Presente.
3. Futuro.

O, al adivinar la respuesta a un problema o situación problemática, puedes usar esta interpretación, en la que las posiciones de las tres cartas se definen como:

1. Lo que es desconocido sobre el problema actual.
2. Lo que te está bloqueando.
3. Cómo actuar para obtener los mejores resultados.

Para añadirle un poco de sabor brujeril a ese tipo de lectura, baraja las cartas con cuidado y, mientras lo haces, di la primera línea del conjuro:

Por todo el poder de la magia de tres…

Reparte las tres cartas bocabajo y luego di:

… estas cartas me revelarán ahora su sabiduría.

A continuación dales la vuelta y léelas.

Tirada de siete cartas en herradura

El éxito de una lectura depende no de los hechos sino de su efecto en el consultante, su poder para emocionar y cambiar a una persona de una manera positiva.

MARY K. GREER

Este es sin lugar a dudas mi estilo favorito de lectura del tarot. Lo que me agrada de esta tirada es que puedes superponer una serie de cartas a la primera. Esto te da un significado más profundo y una mayor comprensión en una lectura. Baraja bien las cartas y haz la pregunta. Reparte siete cartas de izquierda a derecha en forma de herradura y examínalas atentamente.

- La primera carta de una lectura, empezando por la izquierda, representa el pasado y lo que te ha traído a este punto.
- La segunda carta es el presente, lo que está ocurriendo justo ahora.
- La tercera te muestra el futuro, lo que todavía está por venir.
- La cuarta representa tu mejor curso de acción posible, o la mejor manera de actuar.

- La quinta te indica al resto de las personas involucradas en de la situación, quiénes son, qué las motiva y cómo afectan a tu vida.
- La sexta te señala tus obstáculos y tus miedos.
- La séptima y última carta es la carta del desenlace.

Tirada de la carta Significador

Puede que un hombre no sea siempre lo que parece ser, pero lo que parece ser es siempre una parte importante de lo que es.

WILLARD GAYLIN

Una carta significador, que suele representar al consultante, es una carta usada como una ayuda para centrarse en ella en una lectura de tarot. También puede usarse para representar las circunstancias sobre las que se está pidiendo orientación, como por ejemplo, La Gran Sacerdotisa para una bruja que pregunta sobre cuál es la mejor manera de lidiar con los asuntos de su asamblea, o El Sumo Sacerdote para un hombre que se pregunta qué senda mágica sería la correcta o en qué centrar sus estudios. Usa tu imaginación. ¿Qué otras cartas de los Arcanos Mayores emplearías como punto de enfoque para varias situaciones?

Cuando se utiliza una carta significador en una lectura, se saca de la baraja y se coloca boca arriba en el centro de la mesa para que sea fácil verla y concentrarse en ella. Las demás se barajan y luego se reparten alrededor de la carta significador en diferentes estilos de lecturas.

Como carta significador, se suele usar una de la corte, basándose en las características físicas del consultante. Mira la siguiente clasificación de cartas de la corte:

El palo de copas simboliza a una persona con el cabello rubio, oscuro o claro, y los ojos azules o verdes.

El palo de bastos representa a individuos con tez pálida, pelo rubio o rojizo y ojos azul claro o gris.

El palo de espadas muestra a una persona con el pelo castaño y los ojos verdes, azules o marrones claros.

El palo de pentáculos se corresponde con alguien de pelo y piel oscuros y ojos marrón.

El problema de esta clasificación es que no están representados todos los colores y tonos de piel, de manera que piensa en estas sugerencias más como unas directrices generales que como verdaderas reglas.

Las cartas de la corte como significador: personalidades astrológicas y elementales

Todos los seres humanos están interconectados con todos los demás elementos de la creación.

Henry Reed

Para darle todavía mayor precisión a tu carta significador, puedes emplear los diferentes personajes de las cartas de la corte: usa pajes para niños, caballeros para jóvenes, y reinas y reyes para gente de mediana edad o mayor. Además puedes enlazar la carta significador al signo astrológico del consultante o, como yo hago, usar sus rasgos elementales de personalidad y encajarlos con la carta de la corte con la que mejor se complementen.

¡He descubierto que funciona como un hechizo!

Signos astrológicos para los Significadores

Copas: Cáncer, Escorpio y Piscis (agua)
Bastos: Aries, Leo y Sagitario (fuego)
Espadas: Géminis, Libra y Acuario (aire)
Pentáculos: Tauro, Virgo y Capricornio (tierra)

Rasgos elementales de personalidad para los Significadores

¿Místico, empático y emocional?   Agua - Copas
¿Inteligente, cerebral e ingenioso?   Aire - Espadas
¿Fiero, apasionado y abierto?   Fuego - Bastos
¿Mundano, práctico y comunicativo? Tierra - Pentáculos

Al elegir una carta significador, a pesar de usar estos indicadores, suelo dejar que mi instinto y mi intuición guíen mi mano y mi elección. Por ejemplo, si estuviera haciendo una lectura para una mujer, miraría atentamente a la persona para la que estoy haciendo la lectura y luego elegiría cuál de las cuatro reinas es más parecida a su personalidad.

Tirada de la Triple Diosa

Escucha las palabras de la gran Madre...
DOREEN VALIENTE

Se me ocurrió la idea de esta tirada de la Triple Diosa cuando Mark, el creador artístico de estas bellas cartas, estaba trabajando en las ilustraciones de los Arcanos Mayores. Había estado explicándole el concepto de la Triple Diosa mientras terminaba la carta de La Gran Sacerdotisa. Le dije que esta, de hecho, representa a la Doncella, mientras que La Emperatriz era el aspecto de Madre de la Diosa. Me comentó con una risita que ese era el motivo por el que probablemente le insistí tanto en que se notara su embarazo en la ilustración. Le expliqué que el tercer aspecto era el de la Diosa Hechicera y finalmente terminamos nuestra conversación, ya que yo tenía que terminar otro libro y a él le quedaban una gran cantidad de ilustraciones por hacer.

Estaba repasando mis notas sobre el texto que había escrito un año antes y volvía una y otra vez a releer las instrucciones que escribí para la ilustración de la carta de La Luna. No me acababa de convencer. Era muy clásica, con la cara de la Hechicera en la luna menguante, pero realmente no me inspiraba. Como me encantan las imágenes del tarot clásico, no estaba segura de qué hacer, así que decidí dejar que la idea reposara un poco. De todas formas, aún faltaban unos cuantos días para que Mark empezara a dibujar esa carta, así que dejé de darle más vueltas y me preparé para hacer algunos recados.

Me puse una camiseta que casualmente tenía una imagen de la Triple Diosa en ella, vi mi reflejo en el espejo y en ese momento lo entendí: si quería hacer de la Triple Diosa una parte vital del Tarot de las Brujas, esta era la mejor manera de usarla. La carta de La Luna era mi oportunidad para reinterpretar a la Hechicera de una forma más apropiada.

Tenía una deidad en mente: una de mis favoritas, Hécate. Volví a llamar a Mark y estuvimos hablando sobre diferentes ideas. Hice unos cambios en el texto de esa carta y se lo mandé con varias imágenes de referencia. Le encantó la idea de Hécate y que pudiéramos extender esa carta en concreto más allá de sus límites o de lo que se esperaba de ella, justo como la propia Hécate.

Sentí que la Diosa miraba por encima de mi hombro ese día, y con imágenes remolineando en mi mente sobre la nueva apariencia de la carta de la Hechicera, me senté en mi escritorio y escribí en un cuaderno espiral la tirada de la Triple Diosa.

Esta lectura usa tres cartas significador: La Gran Sacerdotisa para la Doncella, La Emperatriz para la Madre y La Luna para la Hechicera. Coloca estas tres cartas en fila y luego baraja las restantes cuidadosamente. Pídele a la Triple Diosa que comparta contigo su sabiduría. Repite este encantamiento:

Doncella, Madre y Hechicera, guía mi mano y mi corazón.
Muéstrame hoy tu sabiduría por este arte de bruja.
Con el poder de tres veces tres,
como yo lo quiero, así ha de ser.

A continuación, reparte tres cartas bajo cada aspecto de la Diosa. Tendrás nueve en total.

- La Doncella te muestra tus posibilidades: tus esperanzas y sueños, y lo que puede suceder.
- La Madre te indica cómo han llegado a buen término tus proyectos y metas, y qué es lo que está sucediendo ahora mismo.
- La Hechicera te señala el desenlace y tu karma: lo invisible y aquello de lo que puedes no ser consciente o a lo que te da miedo enfrentarte.

Tirada de los cuatro elementos

Tierra y agua, aire y fuego, basto, pentáculo, y espada…
DOREEN VALIENTE

Esta tirada emplea cuatro cartas significador: todos los ases. Como los ases tradicionalmente simbolizan la unidad y la perfección de cada uno de los cuatro elementos naturales, creo que tiene sentido elegirlos como puntos centrales para esta tirada.

Para empezar, saca todos los ases de la baraja. Ordénalos de la siguiente manera: el As de Pentáculos (tierra) en lo alto, el As de Espadas (aire) a la derecha, el As de bastos (fuego) abajo y el As de Copas (agua) a la izquierda.

Tómate un momento para conectar con tu centro y contemplar el poder de cada uno de los elementos y lo que traen a tu vida. Pídeles ayuda para guiarte por tu camino.

Repite este conjuro:

*Elementos de tierra, aire, fuego y agua,
asistidme ahora, y prestadme vuestro gran poder.*

264

Dejad que vuestras energías mágicas
remolineen a mi alrededor
Permitiéndome descubrir la fuerza, la sabiduría, el valor y el amor.
Que los mensajes de estas cartas me muestren el camino
para poder caminar día a día por mi senda con sabiduría.

A continuación baraja las cartas restantes y pregunta qué lecciones tienes que aprender de cada uno de los elementos. Coloca una nueva carta de la baraja junto a cada uno de los ases.

- La carta de tierra (pentáculos) te muestra lo que te hace falta para estar centrado, para ser fuerte y próspero.
- La carta de aire (espadas) representa lo que necesitas para llegar a tener conocimiento y comunicarte claramente.
- La carta de fuego (bastos) anuncia lo que se requiere para el éxito, el valor y la pasión.
- La carta de agua (copas) te susurra lo que precisas para traer a tu vida emociones de amor y sanación.

VARIACIÓN MÁGICA: si quieres, puedes añadir la carta de El Mago al centro del círculo de ases. Visualmente esto aumentará la concentración y el poder de la tirada. Recuerda, El Mago tiene los cuatro símbolos de los Arcanos Menores en su altar. Esta carta de los Arcanos Mayores es un retrato perfecto de un individuo que trabaja sabiamente y en armonía con los poderes de los cuatro elementos y con la naturaleza.

Si decides añadir la imaginería arquetípica de El Mago a la tirada de los cuatro elementos, incluye estas líneas al final del anterior conjuro, como un lema:

Que como es arriba, sea ahora abajo;
alrededor de El Mago fluirán las respuestas.

Tirada de La Rueda del Año

Que seas bendecido con paz y seguridad en las cuatro estaciones.

PROVERBIO CHINO

Para esta tirada, saca la carta de La Rueda del Año de la baraja. Úsala como significador, y colócala en el centro. Baraja las cartas restantes y luego, en la dirección de las agujas del reloj, reparte ocho alrededor de la figura central de la carta significador.

Tómate un momento para centrarte y reflexionar sobre el poder y los misterios de cada uno de los ocho sabbats. Para ayudarte a centrarte e interpretar la tirada de cartas, repite este conjuro:

La tirada de La Rueda del Año tiene auténtica sabiduría.
Ilumíname en mi búsqueda del conocimiento y el valor.
Ocho cartas, una por cada uno de los días sagrados
de las brujas del año.
Muéstrame la manera correcta de viajar
para que mi senda esté despejada.

El orden de las ocho cartas repartidas alrededor del significador lo decides tú. Por lo general, yo hago que la carta de arriba represente el siguiente sabbat del año. En otras palabras, si estás haciendo la tirada a finales de julio, el próximo sabbat sería Lughnasadh, que vendría indicado en la primera carta, en la parte superior del círculo. Yendo en dirección de las manecillas del reloj, a su derecha estaría la del equinoccio de otoño, y a continuación las siguientes cartas representarían a Samhain, Yule, Imbolc, el equinoccio Vernal, Beltane y el solsticio de verano.

Magia con la baraja del Tarot de las Brujas

Existe la magia, pero tú tienes que ser el mago.
Has de hacer que la magia suceda.

Sidney Sheldon

Te animo encarecidamente a que emplees las cartas del Tarot de las Brujas en tus conjuros. Las cartas de tarot son herramientas maravillosas para hacer conjuros, ya que pueden usarse como guías visuales de gran nitidez y claridad. Esta práctica no solo te proporciona un elemento mágico y atractivo en el que enfocarte, sino que además te ayuda a establecer una relación con las mismas cartas. Las de la baraja del Tarot de las Brujas son puntos de apoyo estupendos para un ritual, y lo mejor de todo, ¡tienes setenta y ocho para hacer brujería!

Recientemente di una clase sobre los cuatro elementos y el poder personal. Construí un altar bastante básico para que lo vieran los asistentes al llegar. Había flores frescas de mi jardín esparcidas por él y cada esquina de la mesa estaba dedicada a uno de los cuatro elementos. También incluí cristales para la tierra, conchas para el agua, plumas para el aire y una vela roja con esencia de canela para el fuego. Los participantes se sorprendieron al ver que también había incluido el as de cada palo de tarot en el punto apropiado del altar. Les expliqué su simbolismo y me quedé allí sonriendo mientras observaba cómo empezaban a girar las ruedas de sus cerebros... Al personificar cada uno de los cuatro ases la cualidad elemental básica de su palo, sirven como estupendas representaciones de esos elementos durante las sesiones de magia. Inténtalo alguna vez. Sé creativo, y ¡veamos qué logras hacer aparecer!

Podrías añadir velas u otros accesorios a estos hechizos de tarot. He limitado los conjuros a lo esencial, dejando espacio para que cada uno le añada su toque personal. Como he dicho muchas, muchas veces, personalizar los conjuros, es decir, añadir un poco de tu esencia en el ritual, hace a tu brujería única y, por consiguiente, más poderosa.

Cartas de la corte para la magia personal y la meditación

Para variar, plantéate emplear las cartas del Tarot de las Brujas como punto central en la meditación y la magia personal; por ejemplo, si estás empezando un nuevo proyecto y necesitas un estímulo para cumplir con un plazo inminente. Si te hace falta un arranque de entusiasmo y energía para ese proyecto, es ideal trabajar con los pajes.

Invocar a los Pajes para la inspiración y el entusiasmo

Para empezar, sitúa cada paje en su lugar apropiado: pentáculos en el norte, espadas en el este, bastos en el sur y copas en el oeste. Podrías formar un círculo si así lo deseas, aunque no es imprescindible; de cualquier modo, con círculo o sin él, funcionará. Luego colócate en el centro de las cartas y di:

Que el entusiasmo de los pajes me rodee en este día;
que, venga lo que venga, su sentido de la aventura me bendiga.
Por los cuatro palos de pentáculos, espadas, bastos y copas,
¡que este círculo mágico a mi alrededor me empuje!

Ahora siéntate, quédate en el círculo y medita. Si quieres, puedes darle la vuelta a las cartas, mirarlas, tomarlas y observarlas de cerca. Estúdialas una a una y percibe qué clase de inspiración te llega. Cuando termines de ver los cuatro pajes, siente tu conexión con la tierra, céntrate y cierra el conjuro con las siguientes palabras:

Para el bien de todos, sin daño para ninguno,
por la magia del tarot, ¡sea este conjuro!

Si trazaste un círculo, ahora puedes abrirlo. Devuelve las cartas a la baraja y ¡ponte a trabajar en ese proyecto! Verás que el entusiasmo de los cuatro pajes es de lo más estimulante. (¡Me costó mucho mantenerme a su altura al terminar este libro!)

Otras formas de hacer un conjuro con cuatro cartas

Plantéate trabajar con los cuatro reyes para conseguir una magia poderosa y sabia, cuando tengas que emplear algo más de sabiduría o reafirmar tu integridad. Las cuatro reinas son maravillosas para las variedades de magia emocional, creativa y compasiva. De igual modo, los cuatro caballeros son sensacionales cuando se trata de enfrentarse a desafíos, cambios y movimiento. Solo tienes que seguir el esquema básico del conjuro.

A continuación te muestro conjuros para trabajar con los reyes, las reinas y los caballeros. Para empezar, coloca cada carta de la corte en su lugar apropiado: pentáculos en el norte, espadas en el este, bastos en el sur y copas en el oeste. Como en el caso de los pajes, puedes formar un círculo o no. Acto seguido colócate en el centro de las cuatro cartas y recita el conjuro apropiado.

Conjuro de los Reyes
La autoridad de los cuatro reyes será hoy mi estímulo;
que vuestra sabiduría e integridad me bendigan todo el día.
Por los cuatro palos de pentáculos, espadas, bastos y copas,
¡que este círculo mágico a mi alrededor me empuje!

Conjuro de las Reinas
Que el amoroso estímulo de las reinas me rodee;
que vengan a mí su compasión y su fuerza.
Por los cuatro palos de pentáculos, espadas, bastos y copas,
¡que este mágico círculo a mi alrededor me empuje!

Conjuro de los Caballeros
La acción y coraje de los caballeros me empujará hoy hacia delante.
Saldré victorioso ante los desafíos que se crucen en mi camino.
Por los cuatro palos de pentáculos, espadas, bastones y copas,
¡que este círculo mágico a mi alrededor me empuje!

Tras recitar el verso elegido, siéntate. Quédate en el círculo y medita. Si quieres, puedes darle la vuelta a las cartas, tomarlas y mirarlas más de cerca. Estudia cada una de ellas y presta atención a qué tipo de inspiración te llega. Cuando hayas terminado con las cuatro cartas, siente tu conexión con la tierra y céntrate. Luego cierra el conjuro con las siguientes palabras:

> *Para el bien de todos, sin daño a ninguno,*
> *por la magia del tarot, ¡sea este conjuro!*

Si hiciste un círculo, ábrelo. Vuelve a poner las cartas en la baraja.

Tarot y brujería

En estos conjuros, he incluido las cartas de tarot con sus palabras clave para que puedas ver cómo están enlazadas unas con otras y por qué fueron elegidas para un conjuro determinado. También sugiero una vela de color, un cristal y un elemento vegetal a juego; para este último, basta con un pequeño ramillete de hierbas. Añade estos accesorios a cualquier conjuro cuando quieras darle a tu brujería un poco más de ¡chispa!

Directrices básicas

En todos los conjuros que te muestro a continuación, dispón las cartas en el orden en que se enumeran. Si lo ves conveniente, puedes añadir la vela de color, el cristal o el elemento vegetal sugeridos. Dispón las cartas, enciende la vela y repite el conjuro.

Deja las cartas, el cristal y el ramillete en su lugar mientras la vela esté encendida (¡por cierto, no la pierdas de vista!). Luego, cuando se haya consumido, vuelve a colocar las cartas en la baraja y guarda el cristal. Si has añadido un ramillete de hierbas a tu conjuro, puedes quedártelo o devolverlo cuidadosamente a la naturaleza. Bendito seas.

Conjuro para mejorar los estudios mágicos o de tarot

El Mago: como es arriba, es abajo. Destreza, determinación, conexión, confianza. Fuerza de voluntad. Hacer magia con los cuatro elementos y los espíritus elementales. El principio hermético de la correspondencia. Magia elemental y poder personal.

Tres de Pentáculos: duro esfuerzo, empleo, progreso. Con la dedicación se alcanza el éxito. Usar creativamente tus talentos. Aprendizaje y logros mágicos.

Ocho de Pentáculos: diligencia, maestría, atención al detalle. Estudio y práctica de las artes mágicas. Trabajo en curso, proyecto que está a punto de terminar con éxito.

Accesorios sugeridos: vela amarilla de conocimiento. Cuarzo para aumentar el poder personal. Salvia para la sabiduría.

Conjuro:

El Mago nos dice: «Como es arriba, es abajo».
Y mientras, hasta que el brillo de la vela se consume,
el aprendiz se esfuerza.
La bruja se concentra en alcanzar sus sueños mágicos.
Combina estas tres lecciones, y el éxito será tuyo.
Para el bien de todos, y el daño de ninguno,
por la magia del tarot, ¡sea este conjuro!

Conjuro para crear una reunión de brujas o un círculo fuerte y unido

Nueve de Copas: hospitalidad, comunidad, gentileza. Reuniones, fiestas. Un deseo te será concedido. Celebraciones agradables con la familia, la asamblea de brujas y los amigos.

Tres de Copas: una circunstancia feliz. Una reunión de amigos, familia o miembros de una asamblea de brujas para hacer una celebración. El poder del tres y la magia de la manifestación. Celebrar los sabbats, compartir experiencias. Avance mágico, crecimiento psíquico, los lazos de una sana amistad mágica. Crecimiento, éxito, creatividad.

Cuatro de Bastos: celebración, regocijarse por una circunstancia feliz. Libertad, fiestas, despedidas de soltero, fiestas para celebrar la llegada del futuro bebé, celebraciones de sabbat. Fertilidad, creatividad, libertad de expresión.

Accesorios sugeridos: vela de color plateado, para la Diosa. Feldespato, para crear un vínculo emocional. Rosas rosadas, para la amistad.

Conjuro:

El Nueve de Copas muestra comunidad y celebraciones;
el Tres de Copas, brindis a la hermandad
con una libación primaveral;
el Cuatro de Bastos evoca alegría y los elementos, uno y todo.
Nuestra asamblea de brujas permanece unida
en invierno, primavera, verano y otoño.
Para el bien de todos, y el daño de ninguno,
por la magia del tarot, ¡sea este conjuro!

Conjuro para la abundancia

As de pentáculos: riqueza, abundancia, salud, felicidad, seguridad, buena suerte. Amor a la naturaleza, magia verde y herbolario. Magia manifestada en el mundo físico. El elemento tierra.

Rey de Pentáculos: un hombre del signo de tierra. Determinación, trabajar con empeño, riqueza, seguridad, éxito, responsabilidad. Un experto artesano. Protector de la familia. Un individuo maduro que es un hombre en el que apoyarse en las situaciones difíciles.

Seis de Bastos: victoria, logro. Reconocimiento de una labor bien hecha. Felicitaciones y éxito. Consecución de un objetivo tras mucho esfuerzo.

Accesorios sugeridos: vela de color verde, para la prosperidad. Venturina, para la buena suerte. Madreselva, para la abundancia y la salud.

Conjuro:

El As de Pentáculos está cobijado en una madreselva;
el Rey de Pentáculos complementa este
conjuro con el brillo del éxito;
el Seis de Bastos significa triunfo: mis metas se alcanzarán seguro.
Ahora estas energías giran a mi alrededor, ¡creeré en esta magia!
Para el bien de todos, sin daño para ninguno,
por la magia del tarot, ¡sea este conjuro!

Conjuro para la protección

Nueve de Bastos: brío, valentía, protección. Tienes que estar alerta a los problemas. Protégete a ti mismo y a tu reputación. Sé firme, permanece en guardia. Puede que se requiera un trabajo de protección mágica.

La Luna: la Diosa como Hechicera. Magia de luna menguante. Magia protectora. Ver lo que otros tratan de mantener oculto. Intuición y desarrollo de los poderes psíquicos. Sabiduría ganada a través de años de experiencia vital.

El Carro: fuerza de voluntad, ambición, concentración, impulso. Capacidades de liderazgo. Conecta con tu poder personal y verás la magia manifestarse. Supera las adversidades y cualquier obstáculo en tu camino. No te rindas, ¡sigue esforzándote!

ACCESORIOS SUGERIDOS: vela de color negro para disipar la negatividad. Turmalina negra, para protección. Hortensia en flor, para romper hechizos.

CONJURO:

Estoy preparado para defenderme con elegancia y dignidad.
Invoco la protección de la Triple Diosa, Hécate.
El Carro me ayuda a superar los obstáculos de mi camino.
Ahora, de noche y de día, esta magia auténtica me rodea.
Para el bien de todos, sin daño a ninguno,
por la magia del tarot, ¡sea este conjuro!

Conjuro para atraer el amor

EL LOCO: persigue tus sueños. Aventura, empezar de cero, exploración, un viaje. Ideas nuevas. Arriesgarse y luchar por aquello en lo que crees. El principio de una búsqueda espiritual; explorar una nueva senda o tradición mágicas. Un salto de fe.

DOS DE COPAS: idilio. Un compromiso, esponsales, boda o reconciliación. Una alianza. Igualdad y amor verdadero.

LOS AMANTES: amor sexual, belleza, una relación romántica. Compromiso, decisiones que hay que tomar. La decisión que tomes ahora afectará a tu futuro. El amor sana.

ACCESORIOS SUGERIDOS: vela de color rosa fuerte, para el cariño y la diversión. Cuarzo rosa, para emociones tiernas y románticas. Rosa roja, la flor del idilio y la pasión.

CONJURO:

El Loco nos alienta a soñar a lo grande y arriesgarnos,
mientras que el Dos de Copas susurra que el idilio es su propio baile.

La carta de Los Amantes nos recuerda que la elección
da forma a nuestro destino.
Que encuentre a alguien que me ame y sea apropiado para mí.
Para el bien de todos, sin daño a ninguno,
por la magia del tarot, ¡sea este conjuro!

Conjuro para sanar un corazón roto

TRES DE ESPADAS: retraso, traición personal, pérdida. Un momento de drama y lágrimas. Tristeza, conflicto. Un encantamiento que vuelve a quien lo lanzó.

EL COLGADO: iniciación, fase de transición de la vida. Relájate y deja que vengan los cambios. Nueva perspectiva de la vida, magia de las runas, mirar las circunstancias actuales desde un nuevo punto de vista.

LA ESTRELLA: sanación, inspiración, intuición, renovación. Esperanza, paz, deseos concedidos. Magia astrológica. Sabiduría. La creatividad fluye.

ACCESORIOS SUGERIDOS: una vela de color rosa suave, para la felicidad y para amarse a sí mismo. Amatista, para la sanación. Clavel rojo, para restaurar la energía y promover la sanación.

CONJURO:

El Tres de Espadas muestra que, aunque roto el corazón,
he de empezar a sanar.
Durante esta transición alcanzaré la comprensión
y la sabiduría de El Colgado.
Mi sanación empieza hoy; me desprendo
de todos mis sentimientos negativos.
La carta de La Estrella trae esperanza, renacimiento,
sanación emocional, y paz.

Para el bien de todos, sin daño para ninguno,
por la magia del tarot, ¡sea este conjuro!

Conjuro para el corazón y el hogar

LA EMPERATRIZ: el lado maternal de la Diosa. Dar a luz a nuevas ideas. Poder femenino, amor, sexualidad, maternidad. Fertilidad, nacimiento, creatividad. Corazón y hogar, proteger el amor de tu vida, mágica luna llena. El poder de la naturaleza.

REINA DE PENTÁCULOS: una mujer de signo de tierra. Ama de casa en el mejor sentido de la palabra. Plenitud emocional. Anfitriona generosa, amiga fiel, amante de la naturaleza, Madre Tierra, esposa y compañera devota. Tierra y hogar. Maternidad.

DIEZ DE COPAS: amor, imaginación, plenitud. Alegría, buen humor, familia feliz. Buena vida familiar, comodidad y alegría. Amistad, asamblea de brujas feliz, ser parte de una comunidad mágica.

ACCESORIOS SUGERIDOS: vela marrón por sus cualidades terrenales y acogedoras que nos hacen conectar con la tierra y centrarnos. Una piedra agujereada, excelente para el corazón y para la magia casera. Canela, para la energía y la protección.

CONJURO:
La Emperatriz rodeará mi hogar con amor, magia y paz;
mientras la Reina de Pentáculos me trae confort,
el Diez de Copas me brinda plenitud y una familia feliz.
Mi hogar brilla con el encanto y la alegría de este tarot de brujería.
Por el bien de todos, y sin daño para ninguno,
por la magia del tarot, ¡sea este conjuro!

¡Mis más brillantes bendiciones para tu brujería y tus lecturas de tarot!

Nota final

Si disfrutaste de esta sección del libro, encontrarás una docena más de encantadores conjuros en *Book of Witchery*, uno de mis libros publicados anteriormente.

Significado de las cartas de los Arcanos Menores

Cuando el uno hizo el amor con el cero,
las esferas abrazaron a sus arcos y
los números primos contuvieron su aliento.

RAYMOND QUENEAU

As: Cualidad elemental básica. Representa el comienzo de las cosas, nuevas ideas, proyectos o nacimiento.

Dos: La relación entre dos personas o principios. Reflexión, armonía y equilibrio.

Tres: Expresión total del elemento. Amor, expectativas. Concepto de creación, divinidad y destino.

Cuatro: Estabilidad, firmes cimientos, estructura y orden. El Cuatro de Bastos y el Cuatro de Espadas calman y estabilizan, mientras que el Cuatro de Copas y el Cuatro de Pentáculos muestran estancamiento y restricción.

Cinco: Pérdida, conflicto, arrepentimiento y problemas. Crisis, crear dificultades, discusiones, oportunidad para aprender algo nuevo.

Seis: Equilibrio, armonía, amor, benevolencia, acciones pasadas, comunicación, reunión, logros.

Siete: Maestría, victoria, suerte, osadía, impaciencia, sabiduría, misterio. Dotes mágicas asociadas con cada palo.

Ocho: Entusiasmo, inspiración, regeneración, éxito, justicia, reevaluación, redirección. Desarrollo o crecimiento en el futuro.

Nueve: Límites, barreras, melancolía. Casi terminado. Lograr resultados y aprender de la experiencia previa. Tres veces tres. Emocionalmente satisfecho, contento.

Diez: Nuevo estadio de desarrollo. Finalización, herencia, karma. Necesidad de ir más allá de los límites.

Paje: Niños y adolescentes, estudiantes, mensajeros. Potencial no desarrollado, arriesgarse, curiosidad, esperanza, exploración, estudio de materias prácticas.

Caballero: Aventura, movimiento, progreso, acción, responsabilidad hacia los demás.

Reina: Maternidad, nutrir, creatividad, cuidar, compasión, bondad, inspiración. Significado mágico profundo del palo.

Rey: Figura patriarcal, maestro, mentor, líder. Autoridad, responsabilidad, poder, éxito. Principios, orgullo, terquedad, arrogancia.

Símbolos de las cartas del tarot

*La naturaleza es un templo en el que vivos pilares
susurran de tarde en tarde palabras imprecisas.
El hombre pasa a través de un bosque de símbolos,
Y todos lo observan con miradas familiares.*

CHARLES BAUDELAIRE

ADOLESCENTES Y ADULTOS: los adultos o los adolescentes que aparecen en estas cartas como pajes simbolizan posibilidades y descubrimiento, y marcan el principio de una búsqueda de conocimiento sobre el mundo mágico y sobre sí mismo. Los elementos masculinos del aire (espadas) y el fuego (bastos) tienen pajes masculinos, mientras que los palos de copas y pentáculos (agua y tierra, respectivamente) vienen ilustrados por pajes femeninos. Encontrarás a estos personajes en las siguientes cartas: El Loco, el Paje de Copas, el Paje de Espadas, el Paje de Bastos, el Paje de Pentáculos, el Dos de Pentáculos y el Tres de Pentáculos.

Arcoíris: Un símbolo clásico de esperanza, mensajes, milagros y magia. Aparece en La Templanza, el Diez de Copas y el Siete de Copas.

Armadura y cota de malla: Una forma de defensa, que simboliza protección y fuerza. Se ve en las cartas de El Emperador, El Carro, La Muerte, el Caballero de Copas, el Caballero de Espadas, el Caballero de Bastos, el Rey de Espadas, el Seis de Bastos, el Caballero de Pentáculos y el Rey de Pentáculos.

Banco: Simboliza neutralidad e indica que ha llegado el momento de descansar y sopesar las cosas. Está presente en las cartas de El Sumo Sacerdote, La Justicia y el Dos de Espadas.

Barcos: Representan viajes y pensamientos. Aparecen en el Dos de Bastos, el Tres de Bastos, el Seis de Espadas y el Dos de Pentáculos.

Bastón: Un tipo de cetro más mundano. Con frecuencia lo usa un hombre sabio o un viajero. Podemos encontrarlo en El Loco, El Sumo Sacerdote y El Ermitaño.

Caballos: Movimiento y fuerza, también asociados con los cuatro elementos. Un símbolo divino del Dios y la Diosa. Aparecen en El Carro, La Muerte, El Sol, el Caballero de Copas, el Caballero de Espadas, el Seis de Bastos, el Caballero de Bastos y el Caballero de Pentáculos.

Calaveras: Simbolizan la promesa de una nueva vida, cambio y transición. La calavera se considera el asiento de la inspiración y la inteligencia. Puede verse en La Muerte, La Luna y el Ocho de Pentáculos.

Casa: El hogar es donde está el corazón, y cuando uno (desde una casa de campo hasta una mansión con torretas) aparece en las cartas de tarot, es símbolo de la magia de la familia, la seguridad, el corazón y el hogar. Se hallan en el Seis de Copas, el Diez de Copas, el Cuatro de Pentáculos y el Diez de Pentáculos.

CASCADAS: Indican el flujo activo y enérgico de las emociones y la corriente del subconsciente: ideas y emociones que fluyen y cambian. Aparece en La Emperatriz, el Tres de Copas y el Cuatro de Copas.

CASTILLO: Se muestran con frecuencia en el fondo de las cartas. Representan la recompensa que te espera al terminar tu búsqueda del conocimiento y el progreso. Están presentes en La Muerte, el Cuatro de Espadas, el Ocho de Espadas, el As de Bastos, el Cuatro de Bastos, el Diez de Bastos, el Siete de Copas, el Caballero de Copas y el Rey de Pentáculos.

CETRO: Es un bastón masculino de poder coronado por una esfera femenina, es un símbolo de soberanía. Aparecen en La Emperatriz, El Emperador, el Rey de Copas y el Rey de Pentáculos.

CIERVO: Está asociado con el elemento tierra. Tradicionalmente simboliza el orgullo, el aplomo y la integridad. Hay uno en El Mundo y el Nueve de Pentáculos, y una cierva blanca en el Paje de Pentáculos. La cierva blanca es un símbolo de magia, milagros y el reino de las hadas. El ciervo aparece también en el escudo de armas del Caballero de Pentáculos y el Rey de Pentáculos.

CUERVO Y GRAJO: Misterio, magia e inteligencia. El animal aliado del buscador. El cuervo o el grajo aparece en El Colgado y el Ocho de Pentáculos.

DRAGÓN: Una criatura del elemento fuego, los dragones representan la magia y la pasión más antiguas. Pueden verse en el Siete de Copas y en el Cinco de Bastos, así como en la heráldica del Seis de Bastos y el Nueve de Bastos.

Escudo: Es una herramienta de protección y los símbolos que se mostraban en él eran una especie de declaración que se exponía públicamente. Aparece en La Emperatriz, el Caballero de Espadas y el Rey de Pentáculos.

Estrella: Indica esperanza, destino, iluminación e influencias astrológicas. Se muestra en La Gran Sacerdotisa, La Emperatriz, El Carro, El Ermitaño, La Estrella y el Ocho de Copas.

Gato: Los felinos están asociados al elemento fuego y simboliza la percepción, los poderes psíquicos, el misterio y la brujería. El gato doméstico, en toda su asombrosa variedad, es el clásico animal totémico de las brujas. Nos honran con su presencia en las siguientes cartas: La Gran Sacerdotisa, el Siete de Copas, el Dos de Bastos, el Cuatro Bastos, el Paje de Bastos, la Reina de Bastos y el Tres de Pentáculos.

Girasol: Una flor del sol y el elemento fuego que simboliza éxito, fama y riqueza. Aparece en El Sol, el Paje de Bastos y la Reina de Bastos.

Globos o esferas: Representan el poder sobre los asuntos y preocupaciones mundanos. Se ven en El Emperador y el Dos de Bastos.

Hadas: Están asociadas con el reino elemental del aire y el palo de espadas. Representan una conexión profunda con la magia del mundo natural. Aparecen en El Mago, el Dos de Espadas, el Tres de Espadas, el Cinco de Espadas y la Reina de Espadas.

Halcones y gavilanes: estas aves simbolizan mensajes espirituales. Se ven en el As de Espadas, el Rey de Espadas, y el Nueve de Pentáculos, además de formar parte de la heráldica del Paje de Espadas y el Caballero de Espadas.

HERÁLDICA: Los signos heráldicos aparecen en varias cartas de la baraja del Tarot de las Brujas. Cada uno fue elegido por su asociación con los elementos y su simbolismo mágico Los dragones (fuego) representan protección, valor y defensa de los tesoros. Los halcones (aire) significan ímpetu, impaciencia y la emoción de la caza. Los leones (fuego), bravura, valor y fuerza. Las sirenas (agua), elocuencia, lealtad y verdad. Los ciervos (tierra), estrategia, paz y armonía.

JARDINES: Aparecen tradicionalmente al fondo de la escena. Son lugares mágicos y te indican dónde te encuentras actualmente en tu senda espiritual. Los jardines aparecen en Los Amantes, el Tres de Copas, el Nueve de Pentáculos, el Diez de Pentáculos y el Paje de Pentáculos.

LAGOS, ALBERCAS Y ESTANQUES: El agua quieta de un lago o de una alberca refleja la luz del sol, la luz de la luna o nuestros pensamientos. Se ven en muchas cartas, entre ellas La Templanza, La Estrella, el As de Copas, el Dos de Copas, el Dos de Espadas, el Seis de Espadas, el Ocho de Bastos y el Caballero de Bastos.

LEMNISCATA: El símbolo del infinito, que representa la naturaleza cíclica de la energía. La energía está siempre moviéndose, de forma constante. La lemniscata aparece en El Mago, La Fuerza y el Dos de Pentáculos.

LEÓN: Fuerza, lealtad, coraje y dominio. Freno. Puede verse en las cartas de La Fuerza y El Mundo, y en la heráldica del Caballero de Bastos y el Rey de Bastos.

Libélulas: Como criaturas del elemento aire, simbolizan ilusión. Puedes encontrarlas en el Cinco de Espadas y el Seis de Espadas.

Llaves: Son un símbolo místico de conocimiento y con frecuencia representan los misterios de la brujería. Aparecen en El Sumo Sacerdote y La Luna.

Lobo: Significa un pionero, un líder, un guía y un maestro. Se muestra en La Luna.

Luna triple: El clásico símbolo de las brujas de la Triple Diosa o la Doncella, Madre y Hechicera. Aparece en La Gran Sacerdotisa y en el reverso de todas las cartas de la baraja del Tarot de las Brujas.

Luna: Representa el poder psíquico, la energía femenina, el misterio, la magia y la intuición. Puede verse en La Gran Sacerdotisa, El Sumo Sacerdote, El Carro, La Luna, El Karma, el Ocho de Copas, el Dos de Espadas y el Nueve de Espadas.

Mariposa: Un símbolo clásico de transformación y belleza. Aparece en el Siete de Copas y el As de Bastos.

Montañas: Indican que debemos trabajar para alcanzar nuestros objetivos, y representan el triunfo, los desafíos y la persistencia. Aparecen en muchas cartas.

Nieve: Puede señalar aislamiento o crispación, o tal vez algo limpio y nuevo. Aparece en El Ermitaño y el Cinco de Pentáculos.

Niños: Suelen simbolizar aventura, juventud, energía, entusiasmo, alegría de vivir, legado y tradición. Aparecen en las cartas de El Loco, El Emperador, La Muerte, El Sol, el Cuatro de Copas, el Seis de Copas, el Diez de Copas, el Seis de Pentáculos y el Diez de Pentáculos.

OCÉANOS Y MARES: Representan infinitas posibilidades, grandes profundidades de sabiduría y misterio, algo más grande y más poderoso que nosotros. Podemos verlos en el Cinco de Copas, el Ocho de Copas, el Paje de Copas, la Reina de Copas, el Rey de Copas, el Tres de Bastos y el Dos de Pentáculos.

OLAS: Son el movimiento de la emoción. Aparecen el Paje de Copas, el Tres de Copas, el Cinco de Copas, la Reina de Copas y el Rey de Copas.

PÁJAROS: Pensamientos elevados y mensajes espirituales. Se encuentran en El Colgado, La Estrella, El Mundo, la Reina de Copas, el Diez de Espadas, la Reina de Espadas y el Ocho de Pentáculos.

PENTAGRAMA: La estrella de cinco puntas entrelazadas representa los elementos y el espíritu. Las brujas suelen llevarla como talismán para la protección y como amuleto. Aparece en El Loco (en su saco), El Mago, El Sumo Sacerdote, La Rueda del Año, El Colgado, La Luna, el Siete de Espadas y el Nueve de Bastos.

PERRO: Es una representación tradicional del elemento tierra. Los perros simbolizan lealtad y compañía. Añaden su apoyo a las siguientes cartas: El Loco, el Diez de Pentáculos y la Reina de Pentáculos.

PEZ Y DELFÍN: Estas criaturas de agua simbolizan la comunicación, la emoción, la intuición y la creatividad. Aparecen en el Paje de Copas, el Rey de Copas y el Ocho de Copas.

PILARES: Representan el equilibrio. Los pilares forman parte de la imaginería clásica del tarot para ilustrar que la figura de la carta es neutral o ha adoptado una postura intermedia. Puede verse en El Sumo Sacerdote, La Gran Sacerdotisa y La Justicia.

PRECIPICIOS: Simbolizan estar al borde del peligro y lo desconocido. Aparecen en El Loco, El Ermitaño, La Torre, El Karma, el Ocho de Copas y el Siete de Bastos.

RÍOS Y CORRIENTES: A los ríos se los considera la fuerza en movimiento de la vida. Nos hablan de viajes y de oportunidades; asimismo, representan el flujo de las emociones y el discurrir de la conciencia. Las corrientes son una versión más suave y apacible. Ambos aparecen en La Emperatriz, el Cuatro de Copas, el Seis de Copas, el Diez de Copas, el Caballero de Copas, el Ocho de Espadas, el As de Bastos y el Caballero de Pentáculos.

ROSA: Un símbolo mágico del amor, el encantamiento y la esperanza. En la lengua de las flores, los significados varían de acuerdo con el color de la rosa. En esta baraja las vemos blancas, rojas, rosas y amarillas. El blanco es para el amor, la unidad y la belleza; el rojo indica belleza, amor, armonía y encanto; el rosa, amistad, idilio, y cariño, y el amarillo, amistad y la luz del sol. Las rosas juegan un papel prominente en El Loco, El Mago, Los Amantes, la Fuerza, el Dos de Copas, el Tres de Copas, la Reina de Copas, el Cuatro de Bastos y la Reina de Pentáculos.

SIRENAS: Criaturas elementales del agua. Indican sexualidad, intriga y anhelo. Aparecen en el Cuatro de Copas, el Cinco de Copas y el Siete de Copas, además de en la heráldica del Caballero de Copas y el Rey de Copas.

SOL: El lado masculino de la deidad. La magia solar, la fuerza, la luz y el poder. Aparece en El Sumo Sacerdote, Los Amantes, El Sol, El Karma y el Nueve de Bastos.

Trono: Simboliza soberanía y poder. Se muestra en La Gran Sacerdotisa, La Emperatriz, El Emperador, la Reina de Copas, el Rey de Copas, la Reina de Espadas, el Rey de Espadas, la Reina de Bastos, el Rey de Bastos, la Reina de Pentáculos y el Rey de Pentáculos.

Tulipanes: La flor del tulipán se usa en la magia de prosperidad y se corresponde con el elemento tierra. En el lenguaje de las flores, simboliza la realeza y el susurro del amor. Aparecen en El Emperador, Los Amantes y la Reina de Pentáculos.

Vara: Un utensilio del mago empleado para dirigir y concentrar el poder personal. Aparece en El Mago y El Carro.

Vara de espino: En esta baraja, la vara que aparece en el palo de bastos es una rama florecida de espino. El espino está asociado con el elemento fuego; asimismo es un árbol de poder y folclore mágicos. En la magia, sus flores se usan en conjuros de protección y fertilidad. Aparece en El Mago, La Rueda del Año y todo el palo de bastos.

Vendas en los ojos: Las que aparecen en el Tarot de las Brujas pueden definirse de dos maneras. Una, como se ve en el Ocho de Espadas, nos muestra que la mujer se siente atrapada, como un rehén. Su venda le causa desorientación y le impide ver lo que la rodea. Luego tenemos el extremo opuesto: el Dos de Espadas. Esta venda impide la distracción y le ayuda a mirar en su interior. Ahora sus otros sentidos están aguzados: ¿qué pueden enseñarle?

Vidriera: Representa la alquimia de la percepción. Aparece en el Tres de Pentáculos.

Bibliografía

*Un buen libro debería dejarte
ligeramente agotado al final.
Vives varias vidas al leerlo.*

WILLIAM STYROM

Almond, Jocelyn y Keith Seddon. *Understanding Tarot*. Londres: Aquarian Press, 1991.

Ambesrtone, Ruth Ann y Wald Amberstone. *The Secret Language of Tarot*. San Francisco, CA: Weiser Books, 2008.

Andrews, Ted. *Animal Speak*. St. Paul, MN: Llewellyn Worldwide, 1994.

Carr-Gomm, Phillip y Stephanie Carr-Gomm. *The Druid Animal Oracle*. Nueva York: Simon and Schuster, 1994.

Cunningham, Scott. *Cunningham's Encyclopedia of Magical Herbs*. St. Paul, MN: Llewellyn Worldwide, 1996.

Dugan, Ellen. *Book of Witchery*. Woodbury, MN: Llewellyn, Worldwide, 2009.

_____*The Enchanted Cat*. Woodbury, MN: Llewellyn, Worldwide, 2006.

_____*Garden Witchery*. St. Paul, MN: Llewellyn, Worldwide, 2003.

_____*Garden Witch's Herbal*. Woodbury, MN: Llewellyn, Worldwide, 2009.

Fenton-Smith, Paul. *Tarot Masterclass*. NSW, Australia: Inspired Living Publishing, 2007.

Greenaway, Leanna. *Simply Tarot*. Nueva York: Sterling Publishing, 2005.

Greer, Mary K. *21 Ways to Read a Tarot Card*. Woodbury, MN: Llewellyn, Worldwide, 2006.

Hall, Judy. *The Crystal Bible*. Cincinatti, OH: Walking Stick Press, 2003.

Laufer, Geraldine Adamich. *Tussie- Mussies: The Victorian Art of Expressing Yourself in the Language of the Flowers*. Nueva York. Workman Publishing Company, 1993.

Mangiapane, John. *It's All in the Cards: Tarot Reading Made Easy*. Nueva York: Sterling Publishing Company, 2004.

Moore, Barbara. *Tarot for Begginers*. Woodbury, MN: Llewellyn, Worldwide, 2008.

Nahmad, Claire. *Garden Spells*. Filadelfia, PA: Running Press, 1994.

Pollack, Rachel. *Tarot Wisdom*. Woodbury, MN: Llewellyn, Worldwide, 2008.

_____*78 Degrees of Wisdom*. San Francisco: Weiser Books, 2007.

Skolnick, Solomon M. *The Language of Flowers*. White Plains, NY: Peter Pauper Press, 1995.

Agradecimientos

Crear una baraja de tarot es un viaje largo y arduo. Tiene sus más y sus menos, y está plagado de dramas, intrigas y, lo creas o no, comedia. No hay nada como combinar una bruja organizada y detallista con un genial artista cazador de nubes. Mark, tus ilustraciones son todo lo que podía esperar. Son impresionantes y, sinceramente, nunca volveré a mirar las nubes del mismo modo...

A mi marido, Ken, y a nuestros hijos, Kraig, Kyle y Erin: gracias por vuestro entusiasmo al posar para las cartas (a pesar de haceros sostener copas de cerámica, cucharas por cetros y tijeras en lugar de espadas) y, sobre todo, gracias por vuestro entusiasmo con este proyecto y por creer en mí.

Hubo algunas almas más que fueron lo suficientemente valientes para seguir apoyándome y animándome durante los dos últimos años y medio. Entre esta gente encantadora puedo nmbrar a Christopher, Colleen, Jenn, Joyce, Jeanne,

Kina, Sokstice, Tess y las damas de mi asamblea de brujas. Gracias a todos por vuestro apoyo y amistad inquebrantables.

Y también mi cariñoso agradecimiento a los parientes y amigos que posaron alegremente para varias cartas de tarot: mi nieta Olivia y mis sobrinos Etha, Hunter y Rylan, así como mis amigos Ariel, Charlynn, Dawn, Ember, Heather, Jen y Shawna.

Asimismo, unas cuantas palabras de aprecio para mi fabulosa editora, Baecky Zins, para Barbara Moore y para el departamento de ilustración de Llewellyn. Gracias a Elysia Gallo por saber escuchar y a Cheryl York por conectarme con las dos personas que empujaron este proyecto hasta el final.

Por último, con gratitud, a Bill Krause y Sandra Weschcke, los héroes de esta baraja. Nunca se rindieron con este libro, ni dejaron que yo lo hiciera. Gracias.

Sobre la autora

Ellen Dugan, conocida también como la Bruja del Jardín, es una clarividente psíquica que vive en Missouri con su marido y sus tres hijos. Ha sido bruja practicante durante más de veintinueve años y es la galardonada autora de más de una docena de libros, así como tarotista de gran prestigio.

Visita su página web en www.ellendugan.com y su famoso Blog of Witchery, en www.ellendugan.blogspot.com.

Sobre el ilustrador

Mark Evans (Queens, Nueva York) es un galardonado ilustrador que ha creado guiones gráficos, diseños conceptuales e ilustraciones de producción para cientos de clientes de todo el mundo, entre ellos Coca-Cola, Walt Disney y Marvel Comics. Visita su página web en www.cloudmover.net.

Mark dedica su trabajo artístico en esta baraja a la memoria de sus padres.

Índice

Tarots recomendados

Incluye libro + mazo de 78 cartas
Dimensiones de las cartas: 7 x 12 cm

Incluye libro + mazo de 78 cartas
Dimensiones de las cartas: 7 x 12 cm

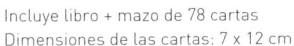

Incluye libro + mazo de 78 cartas
Dimensiones de las cartas: 7 x 12 cm

Incluye libro + mazo de 78 cartas
Dimensiones de las cartas: 4,4 x 7,4 cm